Inhaltsverzeichnis

Vorwort

I Lesen 1
- Merkmale von Märchen 1
- Märchen – Suchspiel 2
- Märchenausschnitte zuordnen I 3
- Märchenausschnitte zuordnen II 4
- Märchenfiguren – Wer bin ich? 5
- So eine Kleckserei 6
- Merkmale von Fabeln 7
- Fabelbilder zuordnen I 8
- Fabelbilder zuordnen II 9
- Fabelmix 10
- Fabelausschnitte zuordnen 11
- Merkmale von Sagen 12
- Geheimschrift 13
- Merkmale einer Ballade 14
- Blickspanne erweitern I 15
- Blickspanne erweitern II 16
- Klanggestaltend Lesen 17
- Genaues Lesen I 18
- Genaues Lesen II 19
- Fast ein Zungenbrecher 20
- Vokale ergänzen 21
- Wortpaare suchen 22
- Wo liegt der Unterschied? 23
- Lesen mit Hindernissen 24
- Alles groß 25
- Alles klein 26
- Klangspiele 27
- Geschichten in Bildern erzählen 28
- Verschobene Wortgrenzen 29
- Leseverständnis schulen I 30
- Leseverständnis schulen II 31
- Autoren-Lebenslauf 32

II Sprechen und Schreiben 33
- Merkmale eines Berichts 33
- Unfallbericht mit Fehlern 34
- Merkmale einer Erzählung 35
- Merkmale einer Personenbeschreibung 36
- Personenbeschreibung anfertigen 37
- Merkmale einer Vorgangsbeschreibung ... 38
- Erzählvideo zu einer Vorgangsbeschreibung 39
- Mit Schrift gestalten 40
- Gedicht als Bild darstellen 41
- Meine Gedanken zum Text 42
- Bild oder Collage zum Text gestalten 43
- Cover gestalten 44
- Kurze Texte auswendig lernen 45
- Satzzeichen – Percussion 46
- Augengymnastik 47
- Wer findet die meisten Reime? 48
- Ich packe meinen Koffer 49
- Fragen an den Text stellen 50
- Konzentration, Konzentration 51
- Reflexion 52
- Improvisiertes Sprechen – Geschichten erfinden 53

Lösungen 56

Quellen- und Abbildungsverzeichnis 70

Zu dieser Mappe

Tägliche kleine, überschaubare Übungseinheiten sind ein wirksames Mittel, sprachliche Kompetenzen sukzessive zu vertiefen und nachhaltig zu festigen.
In der vorliegenden Mappe finden Sie auf die Jahrgangsstufen 5 bis 7 abgestimmte kurze motivierende Trainingseinheiten. Durch regelmäßiges, planmäßiges Üben wird die Verfügbarkeit von sprachlichem Wissen optimiert. Entscheidend ist nicht die Dauer der Trainingseinheit, sondern deren Intensität.

Die Übungen eignen sich kurz vor dem Ende einer Unterrichtsstunde zum wiederholten Festigen oder als Zusatzangebot für schnell arbeitende Schüler. Die lehrwerksunabhängigen Kopiervorlagen ermöglichen eine gezielte Förderung, aktivieren das Wissen und verbessern die sprachlichen Kompetenzen Ihrer Schüler. Die wechselnden Aufgabenformen bieten in Verbindung mit den beiliegenden Lösungen auch die Möglichkeit zur Selbst- und Partnerkontrolle.

Merkmale von Märchen

Lesen

 **Ergänze den Lückentext sinnvoll.**

Märchen sind kürzere Erzählungen, die _____ sind.

Meist besteht ein Märchen aus _____ Teilen:

Problemsituation – Hauptteil mit Bewährungsfeldern – Wende/Erlösung.

In der Regel _____ Märchen mit „Es war einmal". Es passieren in Märchen oft Dinge, die es in Wirklichkeit gar _____ gibt. Beispielsweise handeln in Märchen Feen, Hexen, Zwerge, Riesen oder Zauberer, die Wünsche _____ oder Menschen _____. Manchmal können die Hauptfiguren mit bestimmten Gegenständen oder mithilfe von _____ Wunderbares vollbringen. Häufig sind die Zahlen 3, 7 und 12 _____ Zahlen. Obwohl Personen und Ereignisse sehr genau beschrieben werden, lassen sich _____ und _____ der Handlungen nicht festlegen. Zum Schluss siegt immer das _____ über das _____. Oft _____ ein Märchen mit „Und wenn sie nicht gestorben sind, dann leben sie noch heute".

Märchen – Suchspiel *Lesen*

 **Suche die 18 versteckten Märchenwörter.**

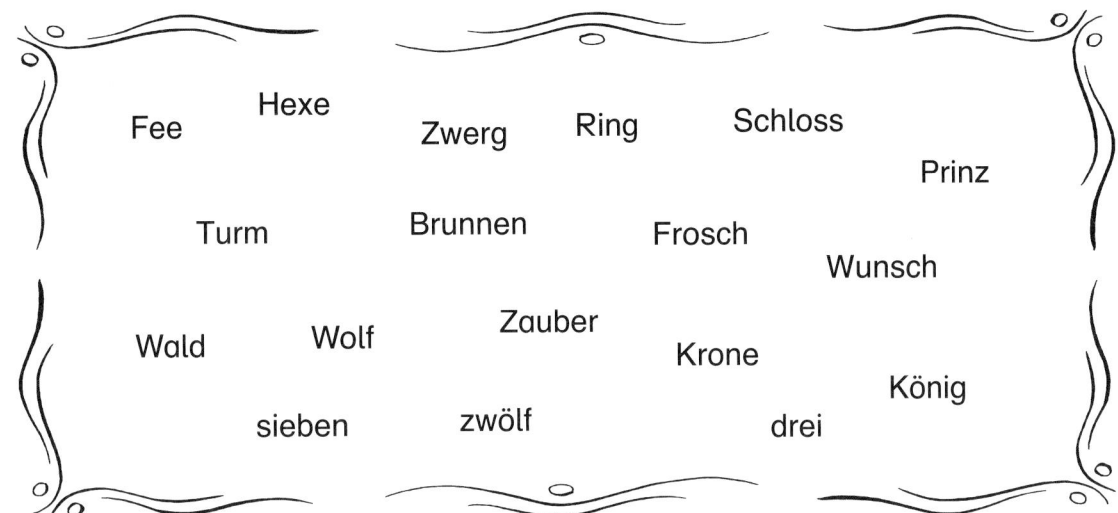

Fee Hexe Zwerg Ring Schloss Prinz
Turm Brunnen Frosch Wunsch
Wald Wolf Zauber Krone König
sieben zwölf drei

H	Y	H	J	G	J	N	G	M	H	R	L	F	F	P	B	S	C	W	Q
Y	I	I	P	P	R	F	B	J	Y	I	B	R	M	E	S	I	Q	N	T
F	Y	B	R	W	J	L	C	Y	A	N	B	O	H	F	Y	E	S	U	N
R	X	H	W	X	O	F	C	T	T	G	B	S	T	E	M	B	N	D	D
P	L	R	B	N	I	L	G	F	I	R	W	C	U	E	E	E	K	S	R
H	D	I	U	C	L	D	F	P	V	R	P	H	N	N	W	N	M	L	E
K	O	E	N	I	G	V	J	J	R	Z	U	D	M	U	G	V	Z	K	I
S	B	M	M	L	D	N	J	O	L	I	Q	Q	F	M	O	S	M	U	W
W	M	T	N	R	H	I	P	I	K	I	N	J	M	Z	R	S	P	U	G
S	U	X	K	Q	U	C	W	S	U	C	O	Z	V	B	A	Y	D	H	L
A	W	N	I	W	H	B	R	U	N	N	E	N	X	S	S	U	V	T	W
T	V	Y	S	V	A	J	B	M	O	F	L	V	C	B	A	A	B	G	V
H	B	Y	N	C	T	X	W	Z	W	E	R	G	K	N	T	G	G	E	U
G	E	N	B	J	H	M	S	J	C	L	V	B	N	U	S	M	R	W	R
N	H	X	I	I	J	T	Y	W	E	G	W	J	Z	W	O	E	L	F	V
Q	J	I	E	U	W	A	L	D	R	R	V	Q	U	C	M	E	A	Z	T
B	B	Y	H	L	A	D	W	Q	T	M	R	S	E	G	Y	J	X	W	E
H	T	U	S	C	H	L	O	S	S	N	Y	M	L	N	K	X	X	I	X
Y	F	U	X	T	A	Q	E	H	N	H	K	R	O	N	E	O	D	T	P
T	U	R	M	V	L	N	O	Q	K	B	F	V	W	I	T	U	K	G	L

Brigitte Penzenstadler: Lückenfüller: Lesen, Sprechen und Schreiben
© Persen Verlag

Märchenausschnitte zuordnen I — Lesen

 **Um welches Märchen handelt es sich? Ordne zu.**

- X   Brüderchen und Schwesterchen
- E   Die drei Spinnerinnen
- E   Märchen von einem, der auszog, das Fürchten zu lernen
- H   Der Froschkönig

① … Indem klopfte es zum zweiten Mal und rief: „Königstochter, jüngste, mach mir auf, weißt du nicht, was gestern du zu mir gesagt bei dem kühlen Brunnenwasser? Königstochter, jüngste, mach mir auf." …

② … Der jüngste saß in einer Ecke und hörte das mit an und konnte nicht begreifen, was es heißen sollte. „Immer sagen sie: Es gruselt mir! Es gruselt mir! Mir gruselt's nicht: das wird wohl eine Kunst sein, von der ich auch nichts verstehe." „Hör du in der Ecke dort, du wirst groß und stark, du musst auch etwas lernen, womit du dein Brot verdienst." …

③ … Als es dunkel ward, lief es zu dem Häuschen, klopfte und sprach: „Mein Schwesterlein, lass mich herein." Da ward ihm die kleine Tür aufgetan, es sprang hinein und ruhte sich die ganze Nacht auf seinem weichen Lager aus. …

④ … Als nun das Fest anhub, traten die drei Jungfern in wunderlicher Tracht herein, und die Braut sprach: „Seid willkommen, liebe Basen." „Ach", sagte der Bräutigam, „wie kommst du zu der garstigen Freundschaft?" Darauf ging er zu der einen mit dem breiten Platschfuß und fragte: „Wovon habt ihr einen solchen breiten Fuß?" „Vom Treten", antwortete sie, „vom Treten." …

Lösungswort:

1	2	3	4

Märchenausschnitte zuordnen II — *Lesen*

 **Um welches Märchen handelt es sich? Ordne zu.**

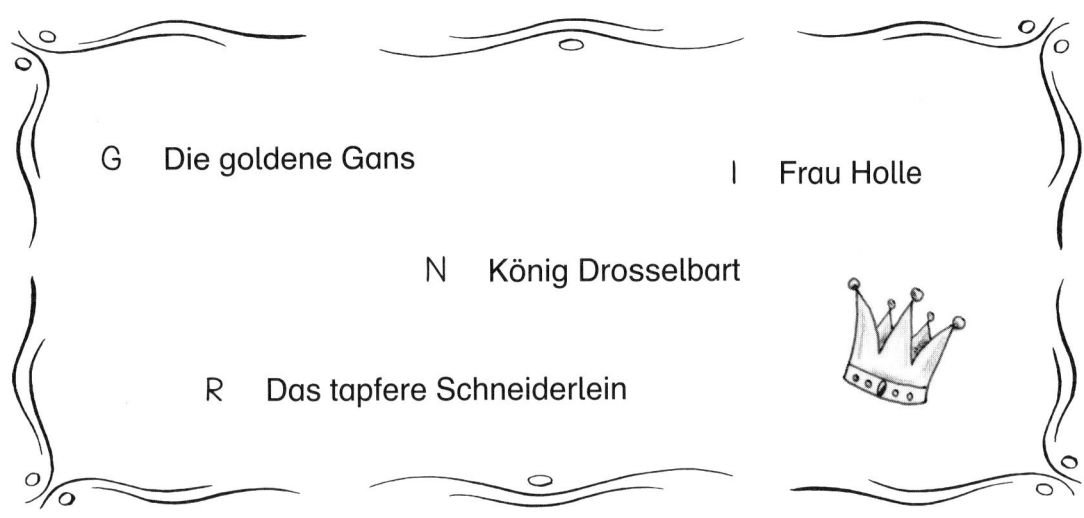

G Die goldene Gans

I Frau Holle

N König Drosselbart

R Das tapfere Schneiderlein

① … „Ich habe siebene mit einem Streich getroffen, zwei Riesen getötet, ein Einhorn fortgeführt und ein Wildschwein gefangen und sollte mich vor denen fürchten, die draußen vor der Kammer stehen!"…

② … Die alte Frau aber rief ihm nach: „Was fürchtest du dich, liebes Kind? Bleib bei mir, wenn du alle Arbeit im Haus ordentlich tun willst, so soll dir's gut gehn. Du musst nur achtgeben, dass du mein Bett gut machst und es fleißig aufschüttelst, dass die Federn fliegen." …

③ … Der alte König aber als er sah, dass seine Tochter nichts tat, als über die Leute spotten und alle Freier, die da versammelt waren, verschmähte, ward er zornig und schwor, sie sollte den ersten besten Bettler zum Manne nehmen, der vor seine Türe käme. …

④ … Da setzten sie sich, und als der Dummling seinen Aschekuchen herausholte, so war's ein feiner Eierkuchen, und das saure Bier war ein guter Wein. Nun aßen und tranken sie, und danach sprach das Männlein: „Weil du ein gutes Herz hast und von dem deinigen gerne mitteilst, so will ich dir Glück bescheren." …

Lösungswort:

1	2	3	4

Märchenfiguren – Wer bin ich? *Lesen*

 **Kennst du die Märchenfiguren? Notiere ihre Namen.**

① Ich bin so weiß wie Schnee, so rot wie Blut und so schwarzhaarig wie Ebenholz. Wer bin ich?

② Ich bin ein kleines süßes Mädchen, das von seiner Großmutter ein Käppchen von rotem Sammet geschenkt bekommen hat. Wer bin ich?

③ Ich trage einen grauen alten Kittel und hölzerne Schuhe. Statt im Bett schlafe ich vor dem Herd. Außerdem bin ich immer voll Staub und Schmutz. Wer bin ich?

④ Ich habe 20 Meter langes, blondes Haar, das ich zu einem kräftigen Zopf geflochten trage. Wer bin ich?

⑤ Zu meiner Geburt wurden 12 von 13 weisen Frauen im Reich meines Vaters eingeladen. Die weisen Frauen beschenkten mich mit ihren Wundergaben. Nur die 13, die nicht eingeladen war, wollte sich rächen und wünschte mir den Tod. Diesen bösen Spruch milderte die letzte weise Frau in einen sehr langen Schlaf. Wer bin ich?

⑥ Ich bin eine männliche Katze, die sprechen kann. Gern gehe ich mit Stiefeln auf die Jagd und trage königliche Kleider. Wer bin ich?

So eine Kleckserei — *Lesen*

 Kannst du trotz der vielen Kleckse das Märchen „Der süße Brei" von den Brüdern Grimm flüssig und fehlerfrei lesen?

Der süße Brei

Es war einmal ein armes frommes Mädchen, das lebte mit seiner Mutter allein, und sie hatten nichts mehr zu essen. Da ging das Kind hinaus in den Wald. Dort begegnete ihm eine alte Frau, die wusste seinen Jammer schon und schenkte ihm ein Töpfchen, zu dem sollt es sagen: „Töpfchen, koche", so kochte es guten süßen Hirsebrei. Und wenn es sagte: „Töpfchen, steh", so hörte es wieder auf zu kochen. Das Mädchen brachte den Topf seiner Mutter heim, nun waren sie ihrer Armut und des Hungers ledig und aßen süßen Brei, sooft sie wollten. Auf eine Zeit war das Mädchen ausgegangen, da sprach die Mutter: „Töpfchen, koche". Da kocht es, und sie isst sich satt. Nun will sie, dass das Töpfchen wieder aufhören soll, aber sie weiß das Wort nicht. Also kocht es fort, und der Brei steigt über den Rand hinaus und kocht immerzu, die Küche und das ganze Haus voll, und das zweite Haus und dann die Straße, als wollt's die ganze Welt satt machen. Kein Mensch weiß sich mehr zu helfen. Endlich, wie nur noch ein einziges Haus übrig ist, da kommt das Kind heim und spricht nur: „Töpfchen, steh". Da steht es und hört auf zu kochen. Wer wieder in die Stadt wollte, der musste sich durchessen.

Merkmale von Fabeln *Lesen*

 **Kreuze die richtigen Merkmale von Fabeln an.**

☐ Tiere denken, reden und handeln wie Menschen.

☐ Tiere haben oft Zauberkräfte.

☐ Die Fabel gibt eine wirkliche Begebenheit wieder.

☐ Die Fabel ist eine spannende und wahre Erzählung.

☐ Die Fabel ist eine kurze und lehrsame Erzählung.

☐ In Fabeln werden oft Wünsche erfüllt.

☐ Eine Fabel endet mit dem Satz „Und sie lebten glücklich und zufrieden".

☐ Fabeln verdeutlichen eine allgemeine Lebensweisheit.

☐ Eine Fabel endet mit einer Moral/Lehre.

☐ Hans Christian Andersen hat nur Fabeln geschrieben.

☐ Zum Schluss einer Fabel siegt das Gute über das Böse.

☐ Äsop ist ein bekannter Fabeldichter.

☐ Eine Fabel nimmt zum Schluss oftmals eine überraschende Wendung.

Fabelbilder zuordnen I *Lesen*

 **Ordne den Textpassagen aus „Fink und Frosch" von Wilhelm Busch die passenden Bilder zu.**

Wenn einer, der mit Mühe kaum
Gekrochen ist auf einen Baum,

Schon meint, dass er ein Vogel wär,

So irrt sich der.

Fabelbilder zuordnen II — *Lesen*

 **Verbinde die Fabelbilder aus „Die kluge Ratte" von Wilhelm Busch mit den passenden Textpassagen.**

Schau, schau! Ein süßer Honig ist darein,
Doch leider ist das Spundloch viel zu klein.

Sie taucht den langen Schwanz hinab ins Fass
Und zieht ihn in die Höh' mit süßem Nass.

Es war einmal eine alte graue Ratte,
Die, wie man sieht, ein Fass gefunden hatte.

Nun aber ist die Ratte gar nicht faul
Und zieht den Schwanz sich selber durch das Maul.

Darauf, so schaut die Ratte hin und her,
Was in dem Fasse drin zu finden wär'.

Indes die Ratten sind gar nicht so dumm,
Sieh nur, die alte Ratte dreht sich um.

Fabelmix

Lesen

Hier sind die Fabeln „Fuchs und Rabe" und „Krähe und Urne" durcheinandergeraten. Kannst du die beiden Fabeln trennen?

Versuche, die Fabeln getrennt voneinander richtig vorzulesen.

Wer gern sich loben hört mit falschem Lob,

Der büßt es schimpflich mit zu später Reue. –

Durstig erblickte die Krähe dereinst eine mächtige Urne,

Doch nur der Boden war kaum eben mit Wasser bedeckt.

Ein Rabe, der am offenen Fenster Käse

Gestohlen hatte, saß auf hohem Baum

Und wollt' ihn fressen, als der Fuchs das sah

Und so begann: „Mein Lieber, wunderbar,

Lange war sie bemüht, es ganz auf die Erde zu gießen,

Konnte sie doch dann leicht löschen den quälenden Durst.

Wie dein Gefieder glänzt und herrlich schimmert!

Und welcher Anstand in Gestalt und Miene!

Es fehlt dir nur die Stimme, und du wärest

Von allen Vögeln in der Welt der schönste!"

Alles Bemühn war umsonst. Da versuchte sie allerlei Listen,

Wie denn Entrüstung und Not reizt einen findigen Sinn.

Da drauf der Tor die Stimme zeigen wollte,

Fiel ihm der Käse aus dem Schnabel, den der Fuchs,

Der ränkevoll, gleich begierig aufgriff.

Steinchen warf sie hinein, da stieg das Wasser von selber,

Bis zum Trinken sich ihr leichter die Möglichkeit bot.

Jetzt endlich merkte den Betrug der Rabe

Und stöhnte über seine Riesendummheit.

Also zeigte der Vogel, wie stärker als Kraft ist die Klugheit,

Die das begonnene Werk glücklich zum Ende führt.

Merkmale einer Ballade   *Lesen*

 **Kreuze die richtigen Merkmale an.**

☐ Eine Ballade ist ein Erzählgedicht.

☐ Eine Ballade ist ein sehr kurzes Gedicht.

☐ Eine Ballade enthält lyrische, dramatische und epische Elemente.

☐ Eine Ballade ist eng mit einer Sage verwandt.

☐ Die Ballade wurde erst nach 1945 in Deutschland entwickelt.

☐ Die Ballade war ursprünglich ein mittelalterliches Tanzlied.

☐ Johann Wolfgang von Goethe und Friedrich Schiller dichteten viele Balladen.

☐ „Herr von Ribbeck auf Ribbeck im Havelland" von Theodor Fontane ist keine Ballade.

☐ Eine Ballade ist eine Erzählung, in der eine Lebensweise durch ein Gleichnis veranschaulicht wird.

Blickspanne erweitern I — Lesen

 **Lies die Ballade „Herr von Ribbeck auf Ribbeck im Havelland" von Theodor Fontane flüssig vor.**

Herr von Ribbeck auf Ribbeck im Havelland

Herr von Ribbeck auf Ribbeck im _____,	Havelland
Ein _____ in seinem Garten stand,	Birnbaum
Und kam die _____ Herbsteszeit	goldene
Und die Birnen _____ weit und breit,	leuchteten
Da stopfte, wenn's _____ vom Turme scholl,	Mittag
Der von Ribbeck sich beide _____ voll,	Taschen
Und kam in _____ ein Junge daher,	Pantinen
So rief er: „_____, wiste 'ne Beer?"	Junge
Und kam ein _____, so rief er: „Lütt Dirn,	Mädel
Kumm man röwer, ick hebb 'ne Birn."	
So ging es viele _____, bis lobesam	Jahre
Der von Ribbeck auf Ribbeck zu _____ kam.	sterben
Er fühlte sein _____. 's war Herbsteszeit,	Ende
Wieder _____ die Birnen weit und breit,	lachten
Da _____ von Ribbeck: „Ich scheide nun ab.	sagte
Legt mir eine _____ mit ins Grab."	Birne
Und drei _____ drauf, aus dem Doppeldachhaus,	Tage
_____ von Ribbeck sie hinaus,	Trugen
Alle _____ und Büdner mit Feiergesicht	Bauern
Sangen „Jesus _____ Zuversicht",	meine
Und die _____ klagten, das Herze schwer:	Kinder
„He is dod nu. Wer giwt uns nu 'ne Beer?"	
So klagten die Kinder. Das war _____ recht,	nicht
Ach, sie _____ den alten Ribbeck schlecht,	kannten
Der neue _____, der knausert und spart,	freilich
Hält Park und _____ strenge verwahrt.	Birnbaum
Aber der alte, _____ schon	vorahnend
Und voll _____ gegen den eigenen Sohn,	Misstrauen
Der wusste _____, was damals er tat,	genau
Als um eine Birn' ins _____ er bat,	Grab
Und im _____ Jahr, aus dem stillen Haus	dritten
Ein Birnbaumsprössling _____ heraus.	sprosst
Und die _____ gehen wohl auf und ab,	Jahre
Längst _____ sich ein Birnbaum über dem Grab,	wölbt
Und in der _____ Herbsteszeit	goldenen
Leuchtet's _____ weit und breit.	wieder
Und kommt ein Jung' übern _____ her,	Kirchhof
So flüstert's im _____: „Wist 'ne Beer?"	Baume
Und _____ ein Mädel, so flüstert's: „Lütt Dirn,	kommt
Kumm man röwer, ich gew di 'ne Birn."	
So spendet _____ noch immer die Hand	Segen
Des von Ribbeck auf Ribbeck im Havelland.	

Fabelausschnitte zuordnen — *Lesen*

 **Welcher Textausschnitt gehört zu welchem Titel und Fabeldichter? Ordne zu. Wenn du alles richtig gemacht hast, erhältst du ein Lösungswort.**

1. Dem Wolf blieb einst ein Knochen tief im Halse stecken. Er wollte gleich dem Reiher hohen Lohn geben.
Wenn er mit seinem Schnabel ihn heraushole …

   A Krähe und Urne (Avianus 4. Jh. n. Chr.)

2. … Steinchen warf sie hinein, da stieg das Wasser von selber,
Bis zum Trinken sich ihr leichter die Möglichkeit bot.
Also zeigte der Vogel, wie stärker als Kraft ist die Klugheit, …

   E Fuchs und Rabe (Phädrus 1. Jh. n. Chr.)

3. … „Gib mir davon, sonst muss ich kläglich umkommen."
„Was tatst du denn im Sommer?", frug die Ameise.
„Da war ich sehr beschäftigt, sang und sang immer."

   B Spare in der Zeit (Babrios 2. Jh. n. Chr.)

4. Ein Rabe, der am offenen Fenster Käse Gestohlen hatte, saß auf hohem Baum Und wollt' ihn fressen, als der Fuchs das sah …

   F Der Wolf und der Reiher (Babrios 2. Jh. n. Chr.)

5. … Da begann die Schildkröte so gleich voll Sorge mit ihrem Marsch, denn sie war sich ihrer Schwerfälligkeit bewusst. Der Hase jedoch, im Vertrauen auf seine Füße, legte sich schlafen …

   L Früher aufgebrochen (Äsop 6. Jh. v. Chr.)

Lösungswort:

1	2	3	4	5

Merkmale von Sagen *Lesen*

 **Verbinde die zusammengehörenden Satzteile.**

Eine Sage ist eine kürzere Erzählung,	und zu einer bestimmten Zeit.
Die Sage spielt an einem bestimmten Ort	für wahr gehalten.
Oftmals kommt darin eine berühmte Person	ist die Legende.
Die Inhalte einer Sage werden meist	die ursprünglich mündlich weitererzählt wurde.
Die Hauptfiguren werden gern idealisiert	Legende einen religiösen Inhalt.
Eng verwandt mit der Sage	oder ein bekanntes Ereignis vor.
Im Gegensatz zur Sage hat die	und als vorbildliche Helden (Heldensagen) beschrieben.
Häufig wird hier das gottgefällige Leben und Wirken	von Heiligen oder Aposteln verklärt dargestellt.

Geheimschrift — *Lesen*

 Hier sehen die Wörter sehr seltsam aus. Kannst du diese Sage trotzdem lesen?

Der Teufel in der Frauenkirche

Als DiE KirchE Zu UNsErEr LiEbEN Frau IN MüNchEN Erbaut WurdE, ÄrgErtE Sich DEr BösE FEiNd, DEr Dadurch SEiN REich DEr HöllE BEdroht Sah, GaNz TEufElsmäßig DarübEr. Mit All SEiNEr BösEN List KoNNtE Er DEN Bau Nicht HiNtErtrEibEN; NachdEm AbEr ENdlich DiE KirchE VollENdEt DastaNd, BEschloss Er SiE Mit WiNd UNd Sturm Zu VErdErbEN. Als NuN DEr TEufEl IN DiEsEr Absicht Durch Das HiNtErtor IN DiE KirchE EiNtrat UNd UNtEr DEm Musikchor StaNd, Sah Er Zu SEiNEr VErwuNdEruNg WEgEN DEr VorstEhENdEN GEwaltigEN SäulEN KEiN EiNzigEs FENstEr. DarübEr LachtE DEr TEufEl GaNz VErgNügt, DENN Er HiElt DiE KirchE Für EiNEN UNgEschicktEN UNd UNNützEN Bau, DEr Ihm Nicht ViEl SchadEN KöNNE, WEil Es Ja Zu DuNkEl IN DErsElbEN SEi. Er GiNg WiEdEr BEruhigt Fort, AbEr AN DEr StEllE, Wo Er StaNd, Ist SEiN Fuß Noch Sichtbar Schwarz Im StEiNE EiNgEprägt.

Als DEr TEufEl NachhEr Sah, Dass DENNoch DiE LEutE FlEißig IN DiE NEuErbautE KirchE Zur ANdacht UNd Zum GottEsdiENst GiNgEN, Er SElbst AbEr, WEil SiE SchoN GEwEiht War, Nicht MEhr IN DiEsElbigE EiNtrEtEN KoNNtE, StürmtE Er AußEN Um DiE KirchE HErum, Um DiE LEutE Vom KirchgaNg AbzuhaltEN.

DahEr Kommt Es, Dass DEr WiNd Um DiE FrauENkirchE Oft So HEftig GEht, Dass Er MaNchEN Das FrauENbErgl HiNabtrEibt, EhE Er Sich's VErsiEht, OdEr DEN LEutEN DEN Hut Vom Kopf Nimmt.

Blickspanne erweitern II *Lesen*

 **Kannst du den Auszug aus dem Gedicht „Abendlied" von Matthias Claudius flüssig und fehlerfrei lesen? Die fehlenden Wörter findest du am rechten Rand.**

Abendlied

Der _____ ist aufgegangen,	Mond
Die _____ Sternlein _____	goldnen / prangen
Am _____ hell und klar;	Himmel
Der _____ steht _____ und schweiget,	Wald / schwarz
Und _____ den _____ steiget	aus / Wiesen
Der _____ Nebel wunderbar.	weiße
Wie _____ die _____ so stille,	ist / Welt
Und in _____ Dämmrung _____	der / Hülle
So _____ und _____ hold!	traulich / so
_____ eine _____ Kammer,	Als / stille
wo ist _____ Tages _____	des / Jammer
_____ und vergessen _____.	Verschlafen / sollt
Seht ihr den _____ dort _____?	Mond / stehen
Er ist nur _____ zu sehen.	halb
Und ist _____ rund _____ schön!	doch / und
So sind _____ manche _____,	wohl / Sachen
Die _____ getrost _____,	wir / belachen
Weil unsre _____ sie _____ sehn.	Augen / nicht

Klanggestaltend lesen — *Lesen*

 **Lies den Anfang des Gedichts „Der Wind" von Josef Guggenmos langsam und ruhig vor. Werde immer schneller und lauter. Am Ende wird deine Stimme wieder ruhig und leise.**

Während ein Schüler vorliest, können die Mitschüler passende Geräusche dazu machen.

Der Wind

In allen Frieden
schlief abgeschieden
hinter einer Hecke
der Wind.
Da hat ihn die Spitzmaus
– wie Spitzmäuse sind –
ins Ohr gezwickt.
Der Wind erschrickt,
springt auf die Hecke,
fuchsteufelswild,
brüllt,
packt einen Raben
beim Kragen,
rast querfeldein
ins Dorf hinein,
schüttelt einen Birnbaum beim Schopf,
reißt den Leuten den Hut vom Kopf,
schlägt die Wetterfahne herum,
wirft eine Holzhütte um,
wirbelt Staub in die Höhe! –
Wehe,
der Wind ist los?
Aber wo ist die Spitzmaus?
In ihrem Kellerhaus
dreht sie die Daumen im Schoß,
zufrieden und faul
und grinst
mit ihrem frechen Maul.

Genaues Lesen I
Lesen

⭐ **Lies das Gedicht „Das Drachenabeceh" von Dieter Brembs möglichst fehlerfrei und flüssig vor.**

Das Drachenabeceh

Akumander
Blomotram
Claculac
Daschitil
fraßen oft und fraßen viel,
Echogröl
und Famofax
lutschten gern
auch Bienenwachs.
Gnoloton, Hydraulolux
sind die zwei
mit Riesenwuchs.
Imipril
und Jodelschodel,
Knastor
und auch Lummerlatt
wurden montags
selten satt.
Muckschluck,
Nasch
und Oxoho
hatten einen
grünen Po.
Plumulum
Quülliwam
plantschten
sonntags gern
im Schlamm.
Rätscheltätschel
und Schulu
schauten dabei
lieber zu.
Töckmöck,
Umpf und Valotrom,
Wammelwusch
und Xacholon
gaben von sich
manchen Ton,
Ysoprül
und Zammelzot
stellten sich auch
gerne tot.

Genaues Lesen II — *Lesen*

⭐ **Lies das Lautgedicht „Karawane" von Hugo Ball möglichst flüssig und betont vor.**

Karawane

jolifanto bambia o falli bambia

großgiga m'pfa habla horem

egiga goramen

higo bloiko russula huju

hollaka hollala

anlogo bung

blago bung blago bung

bosso fataka

ü üü ü

schampa wulla wussa olobo

hej tatta gorem

eschige zunbada

wulubu ssubudu uluwu ssubudu

tumba ba-umf

kusa gauma

ba-umf

Fast ein Zungenbrecher
Lesen

⭐ Das Lautgedicht „Regen" von Kurt Schwitters ist nicht einfach zu lesen. Konzentriere dich.

Regen

Regen tönen Tropfen triefen
Triefen Pfützen Bäche Brunnen
Spritzen Wasser sprengen Fluten
Klatschen feuchten Wirbel fallen
Wirbel Wasser Wolken Häuser
Fallen Bäume fallen Brücken
Wirbel Wasser Wolken Massen
Baden Erde fallen Tropfen
Regen
Regen
Tropfen
Tropfen
Regen
Regen
Tropfen tropft Tropfen auf Tropfen zu Tropfen
Silber mit silbernem Klopfen zu Klopfen
Spiegel des Wassers zerbrechen zu Tropfen
Kreise durch Kreise zerkreisen zu Tropfen
Blätter durch Kreise zerkreisen zu Tropfen
Blätter erzittern erwarten die Tropfen
Licht zu erglänzen durch klopfende Tropfen

⭐ **Denke dir ein eigenes Gedicht aus und lese es deinem Sitznachbarn vor.**

Vokale ergänzen *Lesen*

⭐ Aus dem Gedicht „Bewaffneter Friede" von Wilhelm Busch sind fast alle Vokale verschwunden. Ergänze sie beim Vorlesen.

Bewaffneter Friede

G_nz unverhofft, _n __n_m Hüg_l,
S_nd s_ch b_g_gn_t F_chs _nd _g_l.

H_lt, r__f d_r F_chs, d_ Bösew_cht.
K_nnst d_ d_s Kön_gs Ordre n_cht?

_st n_cht d_r Fr__d_ längst v_rkünd_gt,
_nd w__ßt d_ n_cht, d_ss j_d_r sünd_gt,
D_r _mm_r n_ch gerüstet g_ht?
_m N_m_n s__n_r M_j_stät,
G_h h_r und üb_rg_b d__n F_ll.

D_r _g_l spr_ch: N_r n_cht s_ schn_ll.
L_ss d_r _rst d__n_ Zähn_ br_ch_n,
D_nn w_ll_n w_r _ns w__t_r spr_ch_n.

_nd allsogleich m_cht _r s_ch r_nd,
Schl__ßt s__n_n d_cht_n St_ch_lbund
_nd tr_tzt getrost d_r g_nz_n W_lt,
B_w_ffn_t, d_ch _ls Fr__densh_ld.

Wortpaare suchen
Lesen

⭐ **Auf der rechten und linken Seite befinden sich die gleichen Wörter. Verbinde möglichst schnell alle Wortpaare.**

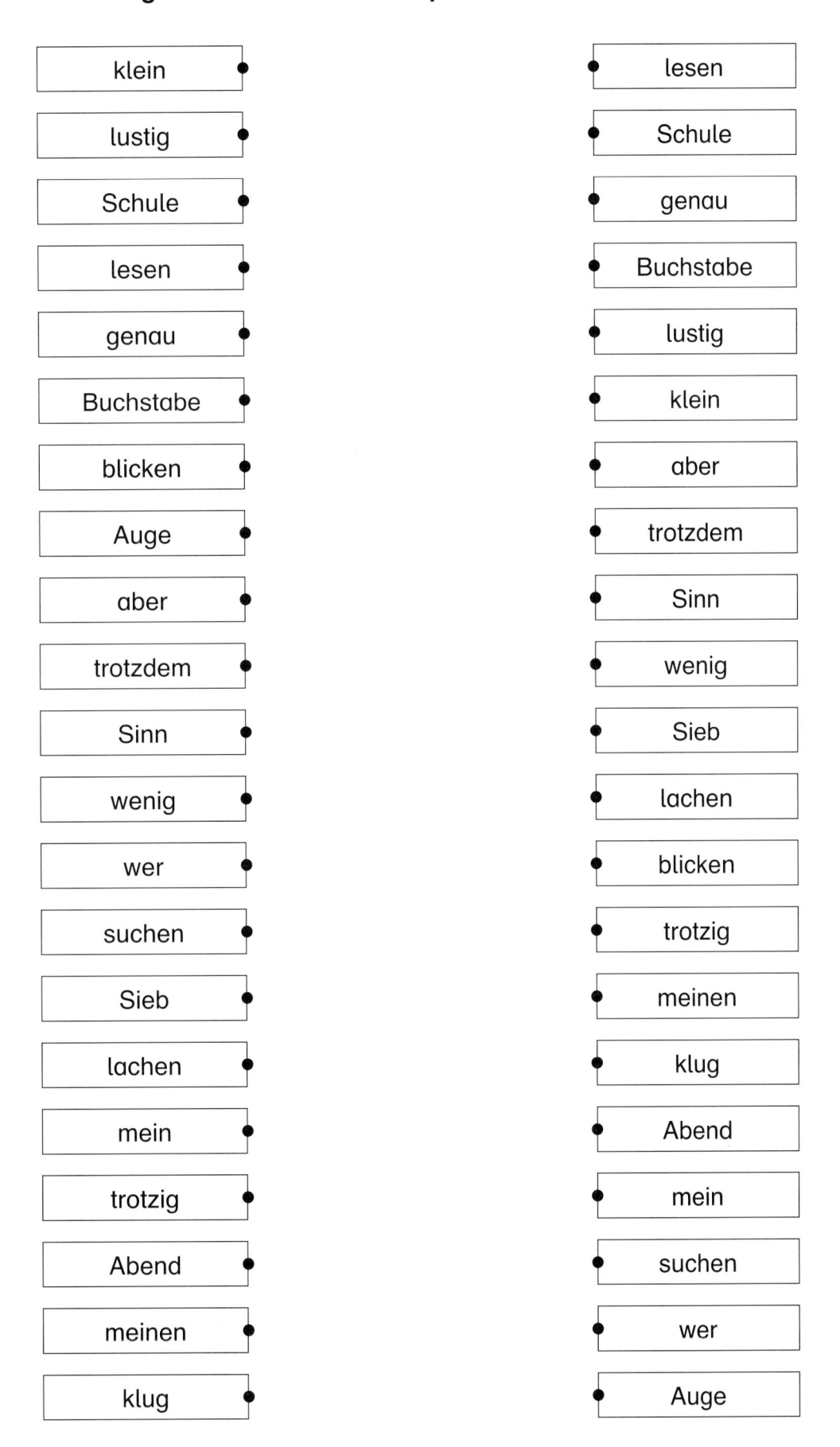

klein	lesen
lustig	Schule
Schule	genau
lesen	Buchstabe
genau	lustig
Buchstabe	klein
blicken	aber
Auge	trotzdem
aber	Sinn
trotzdem	wenig
Sinn	Sieb
wenig	lachen
wer	blicken
suchen	trotzig
Sieb	meinen
lachen	klug
mein	Abend
trotzig	mein
Abend	suchen
meinen	wer
klug	Auge

Brigitte Penzenstadler: Lückenfüller: Lesen, Sprechen und Schreiben
© Persen Verlag

Wo liegt der Unterschied?

Lesen

★ Hier haben sich 11 ungleiche Paare eingeschlichen. Streiche sie durch.
Wer findet sie am schnellsten?

| Burg | gern | lustig | fremd | Platz |
| Berg | gern | lustig | fremd | Platz |

| Boote | Topf | loben | gehen | Lauf |
| Boote | Topf | leben | gehen | Lauf |

| froh | quer | Schule | Worte | Strand |
| froh | quer | Schuhe | Werte | Strand |

| toll | finden | Torte | malen | Stuhl |
| toll | finden | Sorte | malen | Stahl |

| Buch | Wasser | Schüssel | Suppe | Kiste |
| Bach | Wasser | Schlüssel | Suppe | Liste |

| Brauch | fegen | trinken | Decke | Puppe |
| Bauch | fegen | trinken | Decke | Pappe |

Lesen mit Hindernissen

Lesen

Lies den Text flüssig und fehlerfrei vor.

Wind und Sonne

Wind und Sonne stritten miteinander, wer von ihnen der stärkste sei. „Ich bin die stärkste Macht *auf dieser Welt*", sagte die Sonne. „Nichts kann mir Widerstand leisten."
„Nichts – außer mir", sagte der Wind. „Meine Kräfte übertreffen noch die deinen."
„Machen wir die Probe!", schlug die Sonne vor. *„Siehst du dort den* Mann die Straße herunter*kommen? Also: Wer* von uns beiden den Mann bewegt, seinen Mantel auszuziehen, muss als der stärkere erkannt werden. Du magst zuerst dein Glück versuchen."
Der Wind begann zu blasen, indes sich die Sonne hinter *eine Wolke zurückzog. Dann* pfiff er, *und der Mann zog den Kopf ein.* Dann heulte er und raste in eisigen Stößen gegen den Mann an. Aber je kälter er blies, um so *fester hüllte sich der Mann in* seinen Mantel ein.
„Jetzt will ich es versuchen", sagte die Sonne und kam wieder *hinter der Wolke hervor.*
Sie schien zunächst sanft herunter auf den Mann, und der knöpfte seinen Mantel auf und hängte ihn lose um die Schultern. **Die Sonne lächelte, und ihr** Lächeln erwärmte alle Dinge und Wesen. Binnen weniger Minuten hatte sie auch den Mann auf der Straße so sehr erwärmt, dass er seinen Mantel von der Schulter nahm und Ausschau hielt nach einem Platz im Schatten.

Was Zorn nicht *erreicht,*
schafft **Milde oft** leicht.

Alles groß

Lesen

⭐ **Lies den Textausschnitt aus „Als ich ein kleiner Junge war" von Erich Kästner flüssig und fehlerfrei vor.**

WENN EIN KIND LESEN GELERNT HAT UND GERNE LIEST, ENTDECKT UND EROBERT ES EINE ZWEITE WELT, DAS REICH DER BUCHSTABEN. DAS LAND DES LESENS IST EIN GEHEIMNISVOLLER, UNENDLICHER ERDTEIL. AUS DRUCKERSCHWÄRZE ENTSTEHEN DINGE, MENSCHEN, GEISTER UND GÖTTER, DIE MAN SONST NICHT SEHEN KÖNNTE.

WER NOCH NICHT LESEN KANN, SIEHT NUR, WAS GREIFBAR VOR SEINER NASE LIEGT ODER STEHT: DEN VATER, DIE TÜRKLINGEL, DEN LATERNENANZÜNDER, DAS FAHRRAD, DEN BLUMENSTRAUSS UND VOM FENSTER AUS VIELLEICHT DEN KIRCHTURM.

WER LESEN KANN, SITZT ÜBER EINEM BUCH UND ERBLICKT MIT EINEM MAL DEN KILIMANDSCHARO ODER KARL DEN GROSSEN ODER HUCKLEBERRY FINN IM GEBÜSCH ODER ZEUS ALS STIER UND AUF SEINEM RÜCKEN REITET DIE SCHÖNE EUROPA. WER LESEN KANN, HAT EIN ZWEITES PAAR AUGEN, UND ER MUSS NUR AUFPASSEN, DASS ER SICH DABEI DAS ERSTE PAAR NICHT VERDIRBT.

ICH LAS UND LAS UND LAS. KEIN BUCHSTABE WAR VOR MIR SICHER. ICH LAS BÜCHER UND HEFTE, PLAKATE, FIRMENSCHILDER, NAMENSSCHILDER, PROSPEKTE, GEBRAUCHSANWEISUNGEN ...

Alles klein *Lesen*

⭐ **Lies den Text „Seltsamer Spazierritt" von Johann Peter Hebel flüssig und fehlerfrei vor.**

Seltsamer Spazierritt

ein mann reitet auf seinem esel nach hause und lässt seinen buben zu fuß nebenher laufen. kommt ein wanderer und sagt: „das ist nicht recht, vater, dass ihr reitet und lasst euren sohn laufen; Ihr habt stärkere glieder." da stieg der vater vom esel herab und ließ den sohn reiten. kommt wieder ein wandersmann und sagt: „das ist nicht recht, bursche, dass du reitest und lässest deinen vater zu fuß gehen. du hast jüngere beine." da saßen beide auf und ritten eine strecke. kommt ein dritter wandersmann und sagt: „was ist das für ein unverstand, zwei kerle auf einem schwachen tiere? sollte man nicht einen stock nehmen und euch beide hinabjagen?" da stiegen beide ab und gingen selbdritt zu fuß, rechts und links der vater und sohn und in der mitte der esel. kommt ein vierter wandersmann und sagt: „ihr seid drei kuriose gesellen. ist's nicht genug, wenn zwei zu fuß gehen? geht's nicht leichter, wenn einer von euch reitet?" da band der vater dem esel die vorderen beine zusammen, und der sohn band ihm die hinteren beine zusammen, zogen einen starken baumpfahl durch, der an der straße stand, und trugen den esel auf der achsel heim.
so weit kann's kommen, wenn man es allen leuten will recht machen.

Klangspiele
Lesen

⭐ **Wer kann folgende Sätze möglichst schnell und fehlerfrei laut vorlesen?**

Zehn zahme Ziegen ziehen zwölf zottelige Zwerge zum Zwergenhaus,
zum Zwergenhaus ziehen zwölf zottelige Zwerge zehn zahme Ziegen.

Brauer Bauer braut braunes Bier,
braunes Bier braut Brauer Bauer.

Sieben schwarze Schnecken schwatzen mit sechs schwirrenden Schmetterlingen,
mit sechs schwirrenden Schmetterlingen schwatzen sieben schwarze Schnecken.

Kleine Käfer krabbeln über knackige Kirschen,
über knackige Kirschen krabbeln kleine Käfer.

Zwischen zwei Zwetschgenzweigen zwitschern zwei Zeisige,
zwei Zeisige zwitschern zwischen zwei Zwetschgenzweigen.

⭐ **Überlege mit deinem Sitznachbarn weitere Sätze, deren Wörter immer mit demselben Buchstaben beginnen. Lest euch diese Zungenbrecher gegenseitig vor.**

_____
_____
_____
_____
_____
_____
_____
_____

Geschichten in Bildern erzählen — *Lesen*

⭐ **Im Internet, in deinem Deutschbuch oder auch in der Klassenbücherei gibt es einige Geschichten, Fabeln, Märchen etc. Lies dir deine Lieblingsgeschichte noch einmal aufmerksam durch.**

⭐ **Stelle die wichtigsten Ereignisse in einer Bildergeschichte dar.**

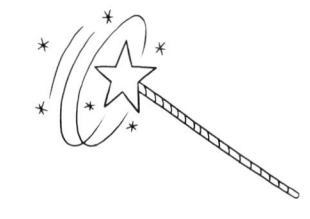

Verschobene Wortgrenzen — *Lesen*

In dieser Geschichte sehen die Wörter ganz anders aus als sonst. Kannst du den Text dennoch flüssig und fehlerfrei lesen? Probiere es.

Wie ein armer Mann seine Zeche zahlte

Einarm erMann kamein mali nein Gasthau s, daseine mhabgier igenWir tg ehört e. Überde mFeuerwu rdege radeeingr oßesStüc kF leischamS pießg ebrate n. DerMa nn warseh rhung rig. Unddas Fleisch roch sogu t, dassde rarmeMan nnochv ielhungri gerwurde . Abe rerhatt enichtgen ugGe ld, ums ein eMahlzeit zubezah le n. Dana hme rei nStückBr otau ss eine rTasc heun dhieltesz wischende nBrat enun dda sFe uer, dam itdas Brotd enGeruc hdes Braten san nah m. Eraß das Brotu ndwollte gehe n. DerWi rtabe r, de rihnbeob achtet hatte, hielt ihn aufund verlang te, ersol leseineZ ec hezahl en. Derar meMan nsagte: „Ihrha btmirw ederz uess ennoc hzut ri nken gegeben. W of ürsol lichz ahlen ?" D erWir tent gegnet e: „Duh ast etwaszudi rgenomm en, was mirge hör t, nämli chden Brateng eruch, unddafür ve rla nge ich Beza hlu ng. "Sies tritten eineWe ile, bisd era rme Mannsch ließl ichd ase inzigeG eldstückh ervor holt e, daser besaß . Dasw arfer auf denT isc hundfr agt e: „Habti hrd asGel dkli ngenhöre n?" DerW irts ahihner stau nta nu ndni ckte. Sch nell stec ktede rarm eMan nd ieMün zew iederein undsag te: „Dan nha btihre ureBe zahl ung er halten. DerKlang desGe lde sist gena usovi elwer twied er Ge ruch desBr atens. "Dam erk tederW irt , da ssde rarme Man nno chlist igerwar alserselber, undmus steih ngehe nlassen.

Leseverständnis schulen I

Lesen

> Die Aussage des jeweiligen Satzes ist entweder inhaltlich richtig oder falsch. Lies dir die Sätze genau durch und markiere, ob sie richtig oder falsch sind. Dazu hast du eine Minute Zeit.

		richtig	falsch
1	Im Winter trägt man dicke Socken und Sandalen.		
2	Die Perlmuschel lebt in sauberen Flüssen.		
3	Tannenbäume haben Blätter und Zapfen.		
4	Echsen und Schlangen gehören zur Gruppe der Säugetiere.		
5	Im Brandfall darf ein Aufzug im Hochhaus nicht genutzt werden.		
6	In der Wüste sind die Nächte eisig kalt und die Tage sehr heiß.		
7	Am Weihnachtsbaum hängen viele bunte Ostereier.		
8	Eine Kerze kann ohne Sauerstoff nicht brennen.		
9	Eisen ist nicht magnetisch.		
10	Pflanzen brauchen zum Wachsen Luft, Licht, Wasser und Mineralöl.		
11	Im Physikunterricht lernt man viel über Tiere und Pflanzen.		
12	Verkehrszeichen sind Zeichen, die international verständlich sind.		
13	Pablo Picasso war ein berühmter Musiker.		
14	Die Zugspitze ist der höchste Berg der Bundesrepublik Deutschland.		

Leseverständnis schulen II

Lesen

> Die Aussage des jeweiligen Satzes ist entweder inhaltlich richtig oder falsch. Lies dir die Sätze genau durch und markiere, ob sie richtig oder falsch sind. Dazu hast du eine Minute Zeit.

		richtig	falsch
1	Obst kann man zu Fruchtsaft, Marmelade oder Gelee verarbeiten.		
2	Hausaufgaben sind immer während des Unterrichts in der Schule zu erledigen.		
3	Mit einem Mobiltelefon kann man nicht telefonieren.		
4	Zum Trocknen der Haare benötigt man ein Shampoo.		
5	Edelweiß und Enzian blühen am häufigsten auf Sylt.		
6	Geburtstag feiert man nur einmal im Jahr.		
7	Frösche fangen mit ihrer Zunge sehr geschickt Vögel.		
8	Wer ohne Fahrschein fährt, ist ein Schwarzfahrer.		
9	Wale gehören zu den größten Säugetieren der Welt.		
10	In der Metzgerei kann man Fleisch und Wurst kaufen.		
11	Man darf ohne gültigen Führerschein abends Auto fahren.		
12	Im Zoo kann man Edelsteine bewundern.		
13	Wenn es brennt, ruft man die Feuerwehr.		
14	Johann Wolfgang von Goethe und Friedrich Schiller sind sehr bekannte Schriftsteller.		

Autoren-Lebenslauf *Lesen*

⭐ **Vervollständige den Lebenslauf eines ausgewählten Autors.**

Name: _____

Hier kannst du ein Foto des Autors einkleben.

Geboren: _____

Geburtsort: _____

Gestorben: _____

Ausbildung / Studium: _____
_____

Weitere berufliche Tätigkeit neben der Autorentätigkeit:
_____
_____
_____

Bedeutende Werke:
_____
_____
_____

Merkmale eines Berichts

Sprechen und Schreiben

⭐ **Unterstreiche die auf einen Bericht zutreffenden Merkmale.**

Zeit:

Präsens, Präteritum, Plusquamperfekt, Futur

Inhalt:

beantwortet die 5 W-Fragen (wann, wer, wo, was und wie), ausführliche Darstellung der Gefühle und Gedanken, kurze Einleitung, Aufbau/Steigerung der Spannung im Hauptteil, keine Äußerung von persönlicher Meinung/Empfindungen

Stil:

lebendig, sachlich, knapp, ausführlich, genau, indirekte Rede, wörtliche Rede, verschiedene Satzanfänge

Unfallbericht mit Fehlern — *Sprechen und Schreiben*

Welche Merkmale hat Karl Valentin beim Schreiben seines Unfallberichts nicht beachtet? Notiere sie stichpunktartig.

Konsequenter Unfall

Sehr geehrte Versicherung,

mir ist ein Unfall widerfahren, und das ging folgendermaßen zu: Auf dem Dachboden meines zweistöckigen Hauses hatte ich einen Posten Ziegelsteine lagern, den ich nach unten befördern wollte. Dazu ersann ich folgende Vorrichtung: Im Innern des Dachbodens befestigte ich einen Balken, an dessen nach außen ragendem Ende eine Rolle untergebracht war. Über diese Rolle warf ich ein Seil, und dessen langes Ende schlang ich unten um einen Baum. An das obere Ende band ich ein hölzernes Waschschaff, in welches ich die Ziegelsteine legte. Dann ging ich nach unten, machte das Seil vom Baum los und hielt es fest. Dabei stellte sich heraus, dass das Seil mit den Ziegelsteinen schwerer war als ich. Es fuhr herunter, und ich fuhr hinauf. Als das Schaff an mir vorbeifuhr, schürfte es mir die linke Seite auf. Ich kam oben an und stieß mit dem Kopf heftig gegen den Balken. Das Schaff kam unten an und brach durch den Aufprall entzwei. Die Ziegelsteine fielen infolgedessen heraus, und das Schaff war nun leichter als ich. Ich fuhr herunter, und das Schaff fuhr hinauf. Als es an mir vorbeifuhr, schürfte es mir die rechte Seite auf. Das Schaff kam oben an, und ich kam unten an. Durch den Sturz brach ich mir zwei Rippen, und vor Schmerz ließ ich das Seil los. Da fuhr das Schaff wieder herunter und traf mich auf den Kopf.

Ich bitte Sie hochachtungsvollst, mir diesen Unfall liebenswürdigerweise zu vergüten.

Karl Valentin

Fehler:

_____

_____

_____

aus: Herr Je das Nichts ist bodenlos, hg. von Wilhelm Höck, Ehrenwirth Verlag, München 1968

Merkmale einer Erzählung — *Sprechen und Schreiben*

Ergänze die Merkmale einer Erzählung an der richtigen Stelle.

Höhepunkt	Wer? Wo? Wann?
wörtliche Rede verwenden	Überschrift
nur von <u>einem</u> Erlebnis erzählen	Lösen der Spannung

① _____

② Einleitung, die Antworten gibt auf die Fragen: _____

③ Hauptteil:
- _____
- Erzählschritte beachten
- Spannung erzeugen
- _____
- Gefühle / Gedanken einbeziehen

④ _____

⑤ _____

⑥ Schluss

Merkmale einer Personenbeschreibung — *Sprechen und Schreiben*

⭐ **Bringe die Angaben einer Personenbeschreibung in eine logische Reihenfolge.**

- ☐ Alter
- ☐ Haarfarbe und Frisur
- ☐ Gesamteindruck
- ☐ Geschlecht
- ☐ Bekleidung
- ☐ Figur
- ☐ besondere Merkmale / Auffälligkeiten (z. B. Sprache / Dialekt, Tätowierung, Narben, Gangart …)
- ☐ Körpergröße
- ☐ Gesicht (Augen, Nase, Mund)

Personenbeschreibung anfertigen — *Sprechen und Schreiben*

⭐ **Betrachte für 15 Sekunden das Bild/Foto einer Person. Schau genau hin und versuche, dir so viele Details wie möglich einzuprägen.
Beschreibe nun die Person möglichst detailliert mündlich deinem Nachbarn.**

Merkmale einer Vorgangsbeschreibung — *Sprechen und Schreiben*

Kreuze die für eine Vorgangsbeschreibung wichtigen Hinweise an.

☐ Schreibe eine kurze Einleitung, einen ausführlichen Hauptteil und einen knappen Schluss.

☐ Verwende die Gegenwart (Präsens).

☐ Achte auf die richtige Anordnung der Reihenfolge der Arbeitsschritte.

☐ Schreibe in der 1. Vergangenheit (Präteritum).

☐ Verwende die wörtliche Rede.

☐ Erzähle lebendig und anschaulich mit treffenden Adjektiven.

☐ Beschreibe, was man alles benötigt bzw. vorbereiten muss.

☐ Verwende „man" oder andere allgemeingültige Ausdrucksweisen.

Erzählvideo zu einer Vorgangsbeschreibung   *Sprechen und Schreiben*

⭐ Zeichne ein Bild zu <u>jedem Schritt</u> einer Vorgangsbeschreibung.
Schneide die Bilder einzeln aus.
Beschreibe und erkläre die genaue Vorgehensweise Schritt für Schritt mündlich anhand deiner Bilder.

Beispiele: Herstellen einer Salzteigmasse, Zubereitung eines Zuckerrübensirups, Anfertigen einer Gipsmaske oder Falten von Serviettenfiguren

Mit Schrift gestalten — *Sprechen und Schreiben*

Gestalte ein Gedicht, das dir sehr gut gefällt, mit einer besonderen Schrift neu. Du kannst einzelne Wörter oder ganze Zeilen bildhaft darstellen.

<u>**Beispiele:**</u>

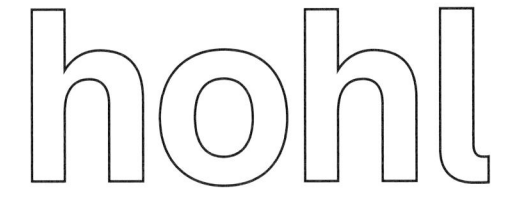

hohl

klein

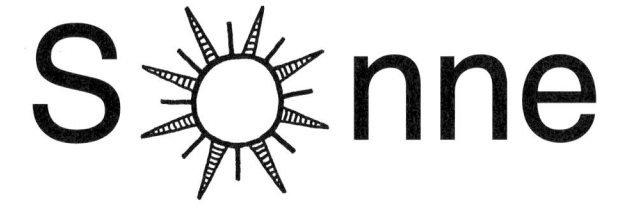

S☀nne

wieder flattern durch die Lüfte

Gedicht als Bild darstellen
Sprechen und Schreiben

⭐ **Gestalte dein Lieblingsgedicht als Bild. Der Inhalt deines Bildes soll zum Inhalt des Gedichts passen.**

Beispiel:

Der Panther (Rainer Maria Rilke)

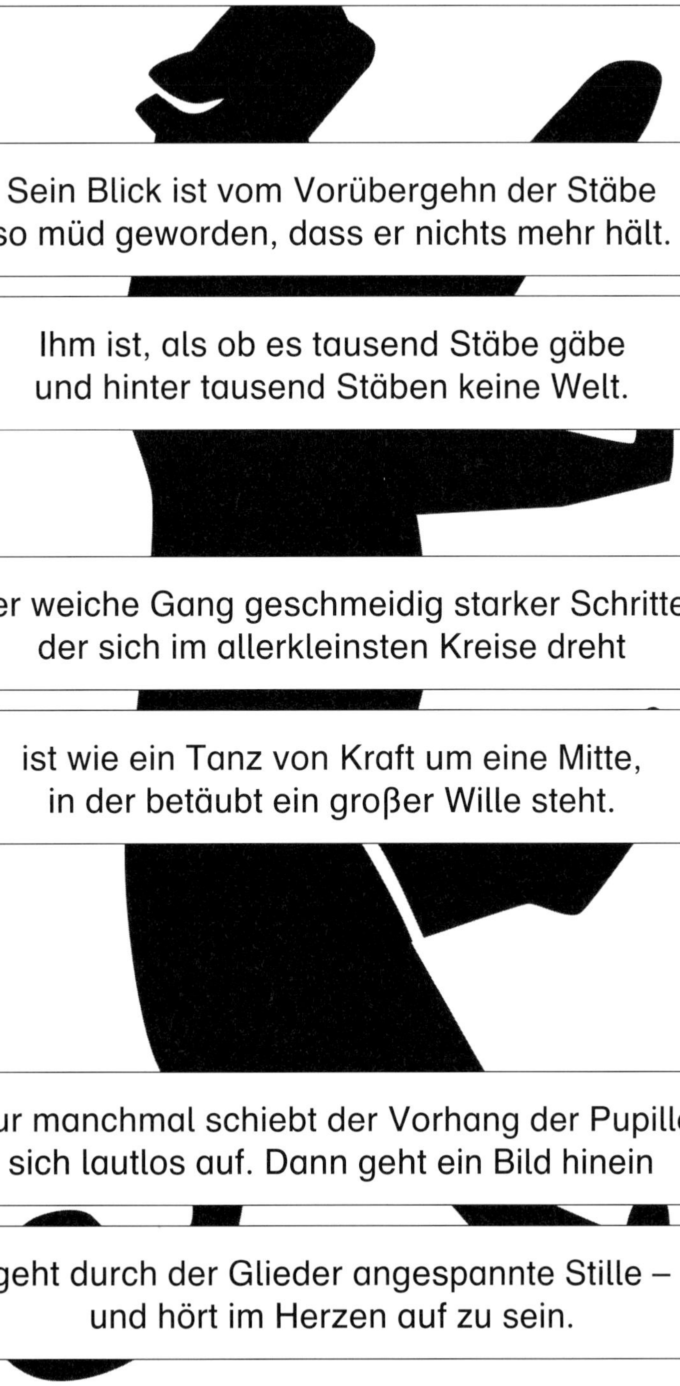

Sein Blick ist vom Vorübergehn der Stäbe
so müd geworden, dass er nichts mehr hält.

Ihm ist, als ob es tausend Stäbe gäbe
und hinter tausend Stäben keine Welt.

Der weiche Gang geschmeidig starker Schritte,
der sich im allerkleinsten Kreise dreht

ist wie ein Tanz von Kraft um eine Mitte,
in der betäubt ein großer Wille steht.

Nur manchmal schiebt der Vorhang der Pupille
sich lautlos auf. Dann geht ein Bild hinein

geht durch der Glieder angespannte Stille –
und hört im Herzen auf zu sein.

Meine Gedanken zum Text   *Sprechen und Schreiben*

In der heutigen Deutschstunde hast du einen Text gelesen.
Lies dir den Text noch einmal aufmerksam durch.
Denke über das Gelesene nach.

a) Notiere, was dir vom Text in besonderer Erinnerung geblieben ist.
b) Sind noch Fragen offen bzw. hast du etwas nicht verstanden? Schreibe auch dies auf.

Bild oder Collage zum Text gestalten
Sprechen und Schreiben

⭐ In der heutigen Deutschstunde hast du einen Text gelesen. Lies dir den Text noch einmal aufmerksam durch.

Welche Stelle im Text hat dir besonders gut gefallen oder ist dir in Erinnerung geblieben?

a) Gestalte zu deiner Lieblingspassage ein Bild oder eine Collage.

b) Schreibe auf die Rückseite oder unter das Bild die dazugehörenden Zeilenangaben.

Cover gestalten
Sprechen und Schreiben

Schau dir das Cover eines Buches in der Klassenbücherei genau an. Welche Informationen sind darauf zu finden?

Gestalte nun ein Cover zu einem Märchen-, Sagen-, Fabel- oder deinem Lieblingsbuch.

Du kannst eine Collage anfertigen, mit dem Computer gestalten, verschiedene Schriftarten verwenden, zeichnen usw.

Lass deine Fantasie walten.

Kurze Texte auswendig lernen *Sprechen und Schreiben*

Ein kurzer Text oder ein Gedicht wird an die Wand projiziert. Ein Schüler liest das Geschriebene laut vor.

Danach werden sukzessive einzelne Wörter mit Büroklammern, Stiften oder Ähnlichem abgedeckt. Die jeweiligen Vorleser müssen die unsichtbaren Wörter auswendig ergänzen.

Probiert es einmal aus. Ihr werdet sehen, Gedichte/Texte auswendig zu lernen, kann Spaß machen.

Hier kannst du das auswendig gelernte Gedicht aufschreiben:

Satzzeichen-Percussion

Sprechen und Schreiben

⭐ **Jedes Satzzeichen wird mit einem Geräusch belegt.**

Beispiele:

- „Punkt": 1x mit den Fingern schnipsen
- „Doppelpunkt": 2x mit den Fingern schnipsen
- „Komma": 1x in die Hände klatschen
- „Anführungszeichen": 2x in die Hände klatschen
- „Ausrufezeichen": 2x auf den Tisch klopfen
- etc.

Ein Schüler liest langsam einen Text vor und die Mitschüler machen bei jedem Satzzeichen das entsprechende Geräusch.

Tipp: Die Geräusche zuerst an kleinen Textpassagen oder einzelnen Sätzen üben.

Augengymnastik   *Sprechen und Schreiben*

⭐ **Folge der Linie mit den Augen.**

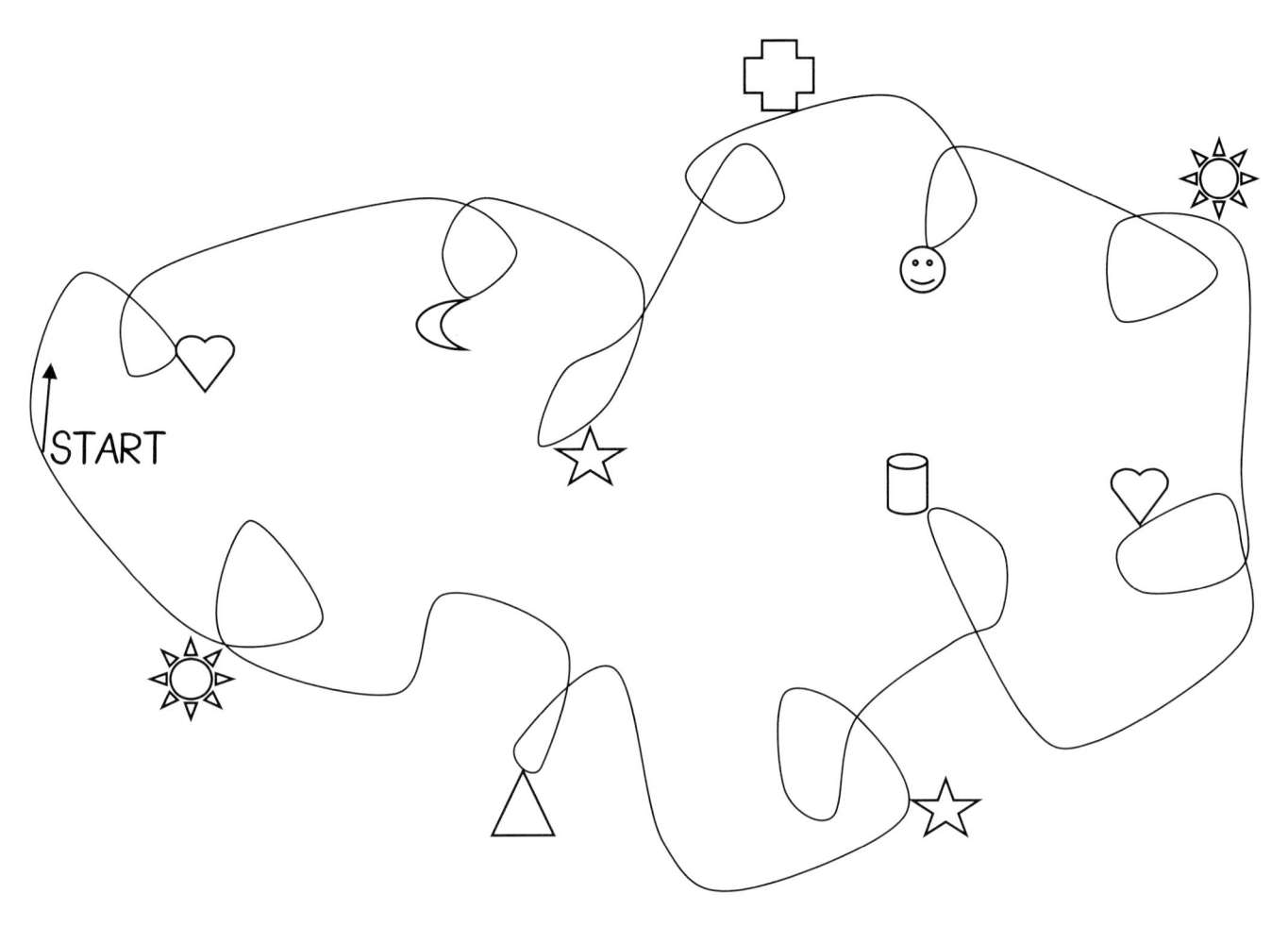

⭐ **Decke das Bild ab.**
Notiere, an welche gesehenen Symbole du dich noch erinnern kannst.
Erhöhung der Schwierigkeit: Achte dabei auf die richtige Reihenfolge.

_____

_____

_____

_____

_____

_____

_____

_____

Wer findet die meisten Reime?

Sprechen und Schreiben

Finde zu jedem vorgegebenen Wort möglichst viele Reimwörter.

① **Ast:** _____

② **Licht:** _____

③ **aus:** _____

④ **Reise:** _____

⑤ **kaum:** _____

⑥ **ach:** _____

⑦ **Tee:** _____

⑧ **dein:** _____

Ich packe meinen Koffer

Sprechen und Schreiben

⭐ **Zuerst wird vereinbart, welche Sachen in den Koffer gepackt werden dürfen.**

Beispiele:
- Obst
- Werkzeuge
- Spielsachen
- Nomen mit doppeltem Mitlaut
- Nomen mit doppeltem Selbstlaut
- Alle Dinge, die mit „A" beginnen

Ein Schüler beginnt mit „Ich packe meinen Koffer und nehme … mit". Anstelle der drei Punkte wird ein Gegenstand aus dem erlaubten Themenfeld genannt.

Der nächste Schüler wiederholt das bisher gesagte und fügt ein weiteres Wort hinzu.

Wer kein neues Wort mehr weiß oder den Satz fehlerhaft wiederholt, scheidet aus.

Fragen an den Text stellen — *Sprechen und Schreiben*

⭐ **Du hast heute einen Text gelesen bzw. bearbeitet.
Überlege dir 3–5 Fragen, die du mithilfe des Textes stellen oder beantworten kannst.**

① **Frage:** _____

   Antwort: _____
   _____

② **Frage:** _____

   Antwort: _____
   _____

③ **Frage:** _____

   Antwort: _____
   _____

④ **Frage:** _____

   Antwort: _____
   _____

⑤ **Frage:** _____

   Antwort: _____
   _____

Konzentration, Konzentration
Sprechen und Schreiben

Hier ist eine Computertastatur abgebildet.
Tippe mit dem Finger oder einem Stift die Buchstaben in alphabetischer Reihenfolge an. Steigere das Tempo.

Wer schafft es am schnellsten?

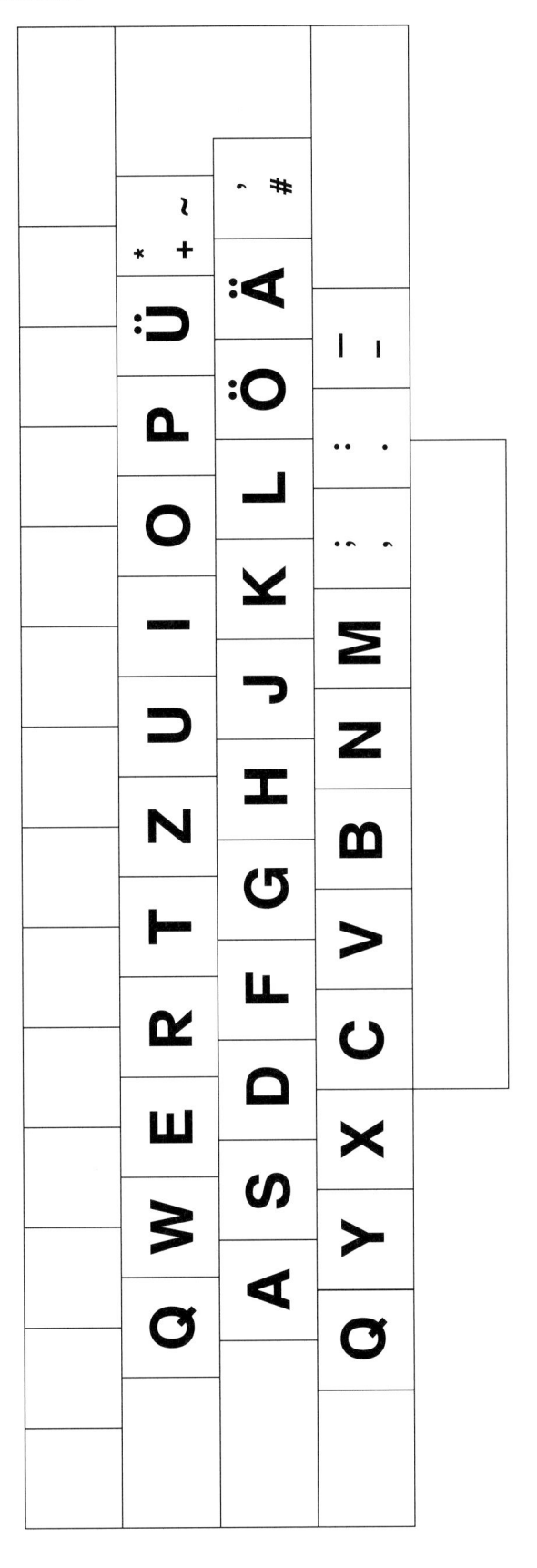

	Q	W	E	R	T	Z	U	I	O	P	Ü	+ * ~
		A	S	D	F	G	H	J	K	L	Ö	Ä	# '
		Q	Y	X	C	V	B	N	M	; ,	: .	_ -	

Reflexion   *Sprechen und Schreiben*

Du hast heute einen Text gelesen oder das Verfassen von Texten geübt. Notiere für dich am Ende der Stunde Stichworte zu folgenden Punkten:

- Das wusste ich schon:

  _____
  _____
  _____

- Das war neu:

  _____
  _____
  _____

- Das kann ich:

  _____
  _____
  _____

- Das bereitet mir noch Schwierigkeiten oder das muss ich noch üben:

  _____
  _____
  _____

- Wenn ich _____ im Text wäre, hätte ich:

  _____
  _____
  _____
  _____

Improvisiertes Sprechen – Geschichten erfinden   *Sprechen und Schreiben*

Ein Spiel für 3–5 Personen

Spielablauf:

Die Spielkarten werden gemischt und mit der bedruckten Seite nach unten als Stapel auf den Tisch gelegt.
Die obersten 6 Karten werden gut sichtbar in der Mitte des Tisches aufgedeckt hingelegt.
Ein Spieler denkt sich eine Geschichte (Märchen, Krimi, Fabel, Fantasieerzählung …) aus. Die anderen Mitschüler hören aufmerksam zu.

Im Laufe des Erzählens baut der Sprecher möglichst unauffällig einen Begriff von den ausliegenden Karten ein. Der Mitspieler, der am schnellsten den eingebauten Begriff heraushört, legt seine Hand auf die entsprechende Karte. Ist die angezeigte Karte richtig, darf der Mitspieler die Karte nehmen.

Es wird dann eine neue Karte vom Stapel genommen, sodass wieder 6 Karten gut sichtbar auf dem Tisch liegen.

Der Mitspieler, der vorher die richtige Karte gewonnen hat, erzählt die Geschichte weiter und baut wieder einen ausliegenden Begriff in seine Erzählung ein. Dies wird beliebig oft wiederholt.

Sieger ist, wer zum Schluss die meisten Karten ergattert hat.

Improvisiertes Sprechen – Geschichten erfinden   *Sprechen und Schreiben*

Spielkarten (1):

Improvisiertes Sprechen – Geschichten erfinden   *Sprechen und Schreiben*

Spielkarten (2):

Lösung

Lösung: Märchen – Suchspiel

Suche die 18 versteckten Märchenwörter.

Fee Hexe Zwerg Ring Schloss Prinz
Turm Brunnen Frosch Wunsch
Wald Wolf Zauber Krone König
sieben zwölf drei

					R	F			S			
			O		I	R	N	O	I		D	R
K	O	E	N	I	G	O	S	C	E	E	E	E
			L	F	P	S	C	H		B	R	I
				R		C				E		
W				I	N	H			N			
U		B	R	U	N	N	E	N	Z	A		
N					Z	W	E	R	G		U	
S											B	
H	C									E		
E												R
X	E	W	A	L	D		Z	W	O	E	L	F
		S	C	H	L	O	S	S				
T	U	R	M				K	R	O	N	E	

Lösung: Merkmale von Märchen

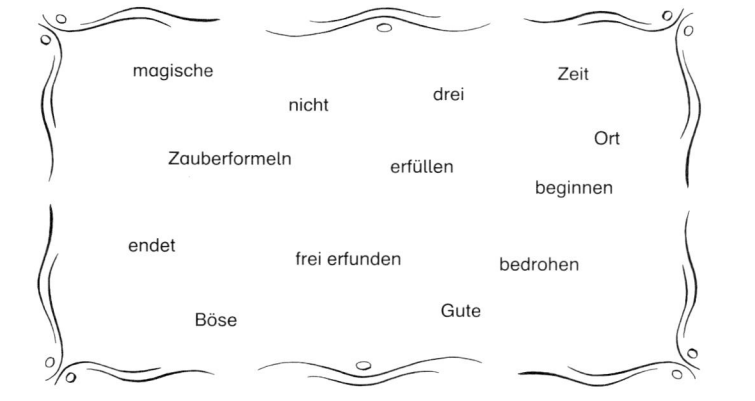

Ergänze den Lückentext sinnvoll.

magische nicht drei Zeit Ort
Zauberformeln erfüllen beginnen
endet frei erfunden bedrohen Gute Böse

Märchen sind kürzere Erzählungen, die _frei erfunden_ sind.

Meist besteht ein Märchen aus _drei_ Teilen:

Problemsituation – Hauptteil mit Bewährungsfeldern – Wende/Erlösung.

In der Regel _beginnen_ Märchen mit „Es war einmal". Es passieren in Märchen oft Dinge, die es in Wirklichkeit gar _nicht_ gibt. Beispielsweise handeln in Märchen Feen, Hexen, Zwerge, Riesen oder Zauberer, die Wünsche _erfüllen_ oder Menschen _bedrohen_. Manchmal können die Hauptfiguren mit bestimmten Gegenständen oder mithilfe von _Zauberformeln_ Wunderbares vollbringen. Häufig sind die Zahlen 3, 7 und 12 _magische_ Zahlen. Obwohl Personen und Ereignisse sehr genau beschrieben werden, lassen sich _Ort_ und _Zeit_ der Handlungen nicht festlegen. Zum Schluss siegt immer das _Gute_ über das _Böse_. Oft _endet_ ein Märchen mit „Und wenn sie nicht gestorben sind, dann leben sie noch heute".

Lösung

Lösung: Märchenausschnitte zuordnen I

Um welches Märchen handelt es sich? Ordne zu.

- X Brüderchen und Schwesterchen
- E Die drei Spinnerinnen
- E Märchen von einem, der auszog, das Fürchten zu lernen
- H Der Froschkönig

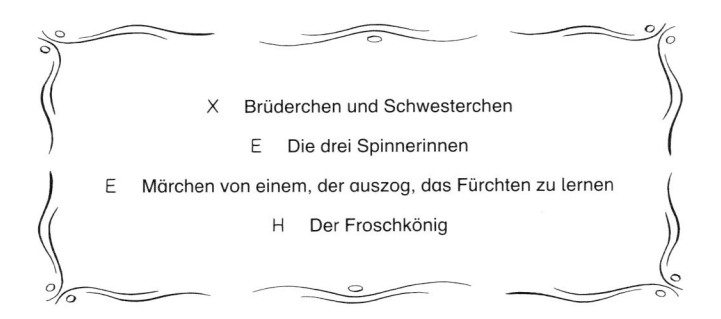

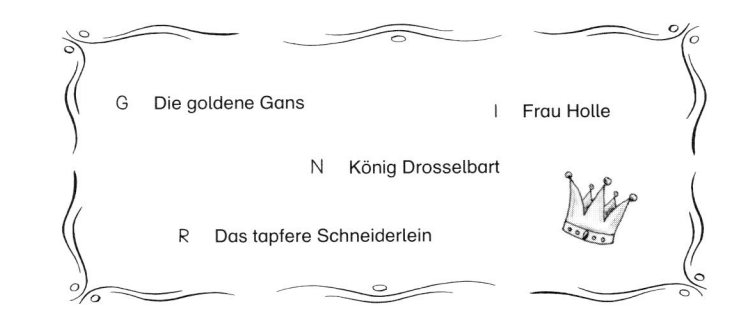

(1) … Indem klopfte es zum zweiten Mal und rief: „Königstochter, jüngste, mach mir auf, weißt du nicht, was gestern du zu mir gesagt bei dem kühlen Brunnenwasser? Königstochter, jüngste, mach mir auf." … *(Der Froschkönig)*

(2) … Der jüngste saß in einer Ecke und hörte das mit an und konnte nicht begreifen, was es heißen sollte. „Immer sagen sie: Es gruselt mir! Es gruselt mir! Mir gruselt's nicht: das wird wohl eine Kunst sein, von der ich auch nichts verstehe." „Hör du in der Ecke dort, du wirst groß und stark, du musst auch etwas lernen, womit du dein Brot verdienst." … *(Märchen von einem, der auszog, das Fürchten zu lernen)*

(3) … Als es dunkel ward, lief es zu dem Häuschen, klopfte und sprach: „Mein Schwesterlein, lass mich herein." Da ward ihm die kleine Tür aufgetan, es sprang hinein und ruhte sich die ganze Nacht auf seinem weichen Lager aus. … *(Brüderchen und Schwesterchen)*

(4) … Als nun das Fest anhub, traten die drei Jungfern in wunderlicher Tracht herein, und die Braut sprach: „Seid willkommen, liebe Basen." „Ach", sagte der Bräutigam, „wie kommst du zu der garstigen Freundschaft?" Darauf ging er zu der einen mit dem breiten Platschfuß und fragte: „Wovon habt ihr einen solchen breiten Fuß?" „Vom Treten", antwortete sie, „vom Treten." … *(Die drei Spinnerinnen)*

Lösungswort:

1	2	3	4
H	E	X	E

Lösung: Märchenausschnitte zuordnen II

Um welches Märchen handelt es sich? Ordne zu.

- G Die goldene Gans
- I Frau Holle
- N König Drosselbart
- R Das tapfere Schneiderlein

(1) … „Ich habe siebene mit einem Streich getroffen, zwei Riesen getötet, ein Einhorn fortgeführt und ein Wildschwein gefangen und sollte mich vor denen fürchten, die draußen vor der Kammer stehen!" … *(Das tapfere Schneiderlein)*

(2) … Die alte Frau aber rief ihm nach: „Was fürchtest du dich, liebes Kind? Bleib bei mir, wenn du alle Arbeit im Haus ordentlich tun willst, so soll dir's gut gehn. Du musst nur achtgeben, dass du mein Bett gut machst und fleißig aufschüttelst, dass die Federn fliegen." … *(Frau Holle)*

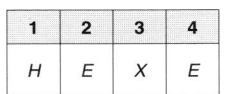

(3) … Der alte König aber als er sah, dass seine Tochter nichts tat, als über die Leute spotten und alle Freier, die da versammelt waren, verschmähte, ward er zornig und schwor, sie sollte den ersten besten Bettler zum Manne nehmen, der vor seine Türe käme. … *(König Drosselbart)*

(4) … Da setzten sie sich, und als der Dummling seinen Aschekuchen herausholte, so war's ein feiner Eierkuchen, und das saure Bier war ein guter Wein. Nun aßen und tranken sie, und danach sprach das Männlein: „Weil du ein gutes Herz hast und von dem deinigen gerne mitteilst, so will ich dir Glück bescheren." … *(Die goldene Gans)*

Lösungswort:

1	2	3	4
R	I	N	G

Lösung: Märchenfiguren – Wer bin ich?

⭐ **Kennst du die Märchenfiguren? Notiere ihre Namen.**

① Ich bin so weiß wie Schnee, so rot wie Blut und so schwarzhaarig wie Ebenholz. Wer bin ich?

Schneewittchen

② Ich bin ein kleines süßes Mädchen, das von seiner Großmutter ein Käppchen von rotem Sammet geschenkt bekommen hat. Wer bin ich?

Rotkäppchen

③ Ich trage einen grauen alten Kittel und hölzerne Schuhe. Statt im Bett schlafe ich vor dem Herd. Außerdem bin ich immer voll Staub und Schmutz. Wer bin ich?

Aschenputtel

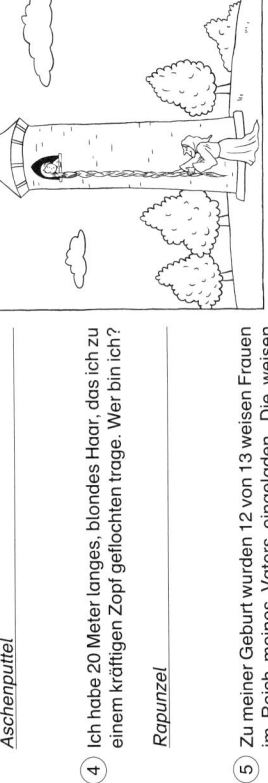

④ Ich habe 20 Meter langes, blondes Haar, das ich zu einem kräftigen Zopf geflochten trage. Wer bin ich?

Rapunzel

⑤ Zu meiner Geburt wurden 12 von 13 weisen Frauen im Reich meines Vaters eingeladen. Die weisen Frauen beschenkten mich mit ihren Wundergaben. Nur die 13, die nicht eingeladen war, wollte sich rächen und wünschte mir den Tod. Diesen bösen Spruch milderte die letzte weise Frau in einen sehr langen Schlaf. Wer bin ich?

Dornröschen

⑥ Ich bin eine männliche Katze, die sprechen kann. Gern gehe ich mit Stiefeln auf die Jagd und trage königliche Kleider. Wer bin ich?

Der gestiefelte Kater

Lösung: So eine Kleckserei

⭐ **Kannst du trotz der vielen Kleckse das Märchen „Der süße Brei" von den Brüdern Grimm flüssig und fehlerfrei lesen?**

Der süße Brei

Es war einmal ein armes frommes Mädchen, das lebte mit seiner Mutter allein, und sie hatten nichts mehr zu essen. Da ging das Kind hinaus in den Wald. Dort begegnete ihm eine alte Frau, die wusste seinen Jammer schon und schenkte ihm ein Töpfchen, zu dem sollte es sagen: „Töpfchen, koche", so kochte es guten süßen Hirsebrei. Und wenn es sagte: „Töpfchen, steh", so hörte es wieder auf zu kochen. Das Mädchen brachte den Topf seiner Mutter heim. Nun waren sie ihrer Armut und des Hungers ledig und aßen süßen Brei, sooft sie wollten. Auf eine Zeit war das Mädchen ausgegangen, da sprach die Mutter: „Töpfchen, koche, koche". Da kocht es, und sie isst sich satt. Nun will sie, dass das Töpfchen wieder aufhören soll, aber sie weiß das Wort nicht. Also kocht es fort, und der Brei steigt über den Rand hinaus und kocht immerzu, die Küche und das ganze Haus voll, und das zweite Haus und dann die Straße, als wollt's die ganze Welt satt machen. Kein Mensch weiß sich mehr zu helfen. Endlich, wie nur noch ein einziges Haus übrig ist, da kommt das Kind heim und spricht nur: „Töpfchen, steh". Da steht es und hört auf zu kochen. Wer wieder in die Stadt wollte, der musste sich durchessen.

Lösung

Lösung: Fabelbilder zuordnen I

⭐ Ordne den Textpassagen aus „Fink und Frosch" von Wilhelm Busch die passenden Bilder zu.

Wenn einer, der mit Mühe kaum Gekrochen ist auf einen Baum,

Schon meint, dass er ein Vogel wär,

So irrt sich der.

Lösung: Merkmale von Fabeln

⭐ Kreuze die richtigen Merkmale von Fabeln an.

- [x] Tiere denken, reden und handeln wie Menschen.
- [ ] Tiere haben oft Zauberkräfte.
- [ ] Die Fabel gibt eine wirkliche Begebenheit wieder.
- [ ] Die Fabel ist eine spannende und wahre Erzählung.
- [x] Die Fabel ist eine kurze und lehrsame Erzählung.
- [ ] In Fabeln werden oft Wünsche erfüllt.
- [ ] Eine Fabel endet mit dem Satz „Und sie lebten glücklich und zufrieden".
- [x] Fabeln verdeutlichen eine allgemeine Lebensweisheit.
- [x] Eine Fabel endet mit einer Moral/Lehre.
- [ ] Hans Christian Andersen hat nur Fabeln geschrieben.
- [ ] Zum Schluss einer Fabel siegt das Gute über das Böse.
- [x] Äsop ist ein bekannter Fabeldichter.
- [x] Eine Fabel nimmt zum Schluss oftmals eine überraschende Wendung.

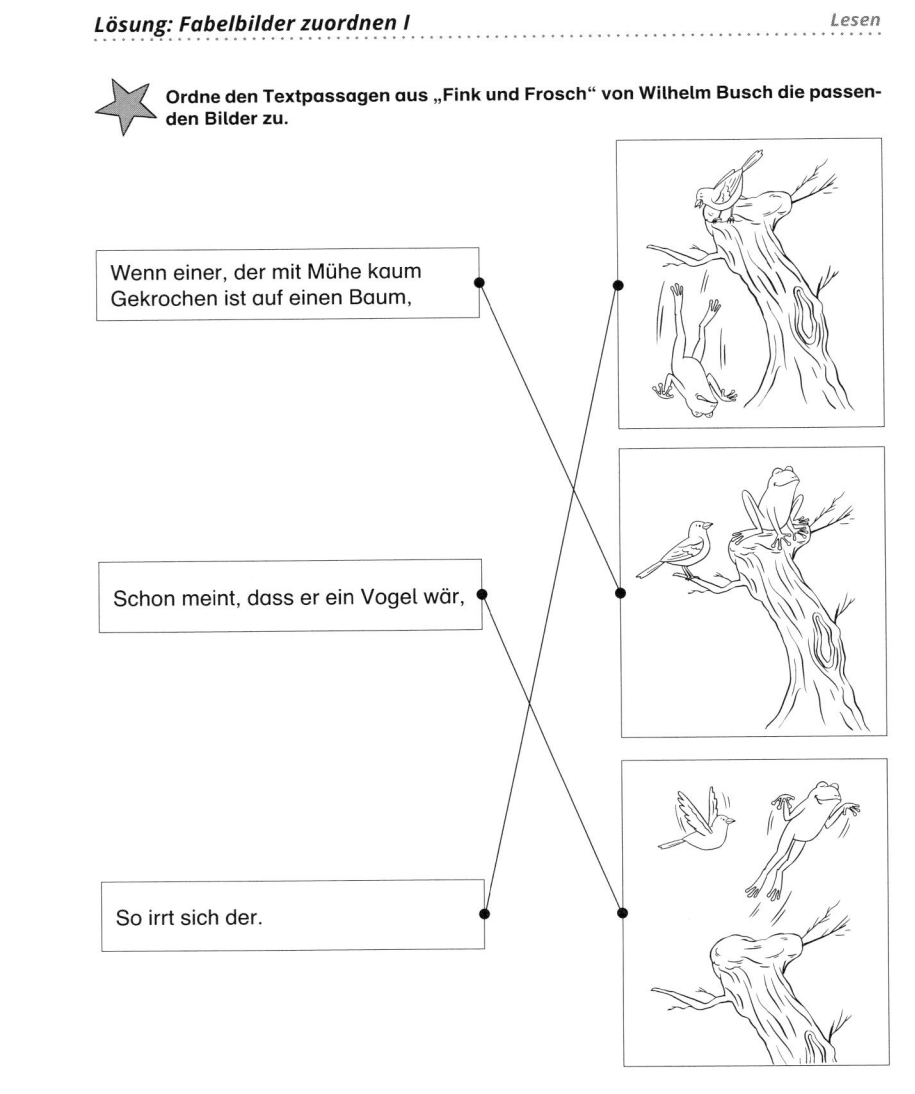

Brigitte Penzenstadler: Lückenfüller: Lesen, Sprechen und Schreiben
© Persen Verlag

Lösung

Lösung: Fabelmix

⭐ Hier sind die Fabeln „Fuchs und Rabe" und „Krähe und Urne" durcheinandergeraten. Kannst du die beiden Fabeln trennen?
Versuche, die Fabeln getrennt voneinander richtig vorzulesen.

Fuchs und Rabe (Phädrus 1. Jh. n. Chr.)

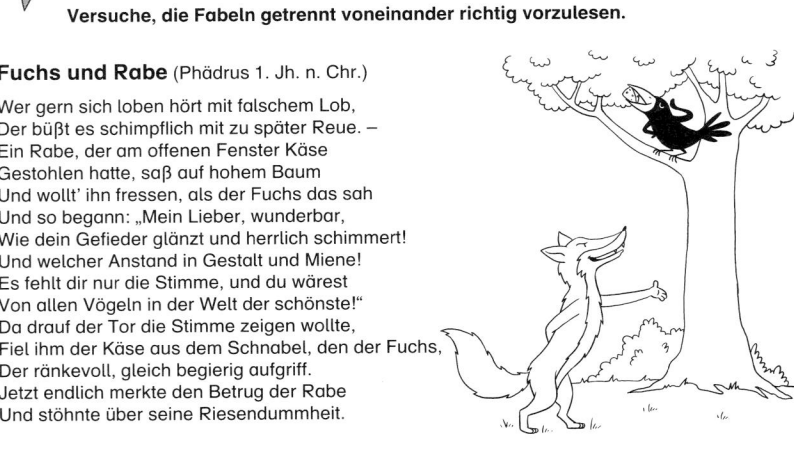

Wer gern sich loben hört mit falschem Lob,
Der büßt es schimpflich mit zu später Reue. –
Ein Rabe, der am offenen Fenster Käse
Gestohlen hatte, saß auf hohem Baum
Und wollt' ihn fressen, als der Fuchs das sah
Und so begann: „Mein Lieber, wunderbar,
Wie dein Gefieder glänzt und herrlich schimmert!
Und welcher Anstand in Gestalt und Miene!
Es fehlt dir nur die Stimme, und du wärest
Von allen Vögeln in der Welt der schönste!"
Da drauf der Tor die Stimme zeigen wollte,
Fiel ihm der Käse aus dem Schnabel, den der Fuchs,
Der ränkevoll, gleich begierig aufgriff.
Jetzt endlich merkte den Betrug der Rabe
Und stöhnte über seine Riesendummheit.

Krähe und Urne (Avianus 4. Jh. n. Chr.)

Durstig erblickte die Krähe dereinst eine mächtige Urne,
Doch nur der Boden war kaum eben mit Wasser bedeckt.
Lange war sie bemüht, es ganz auf die Erde zu gießen,
Konnte sie doch dann leicht löschen den quälenden Durst.
Alles Bemühn war umsonst. Da versuchte sie allerlei Listen,
Wie denn Entrüstung und Not reizt einen findigen Sinn.
Steinchen warf sie hinein, da stieg das Wasser von selber,
Bis zum Trinken sich ihr leichter die Möglichkeit bot.
Also zeigte der Vogel, wie stärker als Kraft ist die Klugheit,
Die das begonnene Werk glücklich zum Ende führt.

Lösung: Fabelbilder zuordnen II

⭐ Verbinde die Fabelbilder aus „Die kluge Ratte" von Wilhelm Busch mit den passenden Textpassagen.

- Schau, schau! Ein süßer Honig ist darein,
  Doch leider ist das Spundloch viel zu klein.

- Sie taucht den langen Schwanz hinab ins Fass
  Und zieht ihn in die Höh' mit süßem Nass.

- Es war einmal eine alte graue Ratte,
  Die, wie man sieht, ein Fass gefunden hatte.

- Nun aber ist die Ratte gar nicht faul
  Und zieht den Schwanz sich selber durch das Maul.

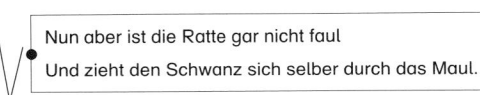

- Darauf, so schaut die Ratte hin und her,
  Was in dem Fasse drin zu finden wär'.

- Indes die Ratten sind gar nicht so dumm,
  Sieh nur, die alte Ratte dreht sich um.

Lösung

Lösung: Fabelausschnitte zuordnen   *Lesen*

⭐ Welcher Textausschnitt gehört zu welchem Titel und Fabeldichter? Ordne zu. Wenn du alles richtiggemacht hast, erhältst du ein Lösungswort.

① Dem Wolf blieb einst ein Knochen tief im Halse stecken. Er wollte gleich dem Reiher hohen Lohn geben. Wenn er mit seinem Schnabel ihn heraushole …

② … Steinchen warf sie hinein, da stieg das Wasser von selber, Bis zum Trinken sich ihr leichter die Möglichkeit bot. Also zeigte der Vogel, wie stärker als Kraft ist die Klugheit, …

③ …„Gib mir davon, sonst muss ich kläglich umkommen." „Was tatst du denn im Sommer?", frug die Ameise. „Da war ich sehr beschäftigt, sang und sang immer."

④ Ein Rabe, der am offenen Fenster Käse Gestohlen hatte, saß auf hohem Baum Und wollt' ihn fressen, als der Fuchs das sah …

⑤ … Da begann die Schildkröte so gleich voll Sorge mit ihrem Marsch, denn sie war sich ihrer Schwerfälligkeit bewusst. Der Hase jedoch, im Vertrauen auf seine Füße, legte sich schlafen …

A Krähe und Urne (Avianus 4. Jh. n. Chr.)

E Fuchs und Rabe (Phädrus 1. Jh. n. Chr.)

B Spare in der Zeit (Babrios 2. Jh. n. Chr.)

F Der Wolf und der Reiher (Babrios 2. Jh. n. Chr.)

L Früher aufgebrochen (Äsop 6. Jh. v. Chr.)

Lösungswort:

1	2	3	4	5
F	A	B	E	L

Lösung: Merkmale von Sagen   *Lesen*

⭐ Verbinde die zusammengehörenden Satzteile.

- Eine Sage ist eine kürzere Erzählung, — und zu einer bestimmten Zeit.
- Die Sage spielt an einem bestimmten Ort — (verbunden oben)
- Oftmals kommt darin eine berühmte Person — für wahr gehalten.
- Die Inhalte einer Sage werden meist — die ursprünglich mündlich weitererzählt wurde.
- Die Hauptfiguren werden gern idealisiert — oder ein bekanntes Ereignis vor.
- Eng verwandt mit der Sage — ist die Legende.
- Im Gegensatz zur Sage hat die — Legende einen religiösen Inhalt.
- Häufig wird hier das gottgefällige Leben und Wirken — von Heiligen oder Aposteln verklärt dargestellt.
- und als vorbildliche Helden (Heldensagen) beschrieben.

Lösung: Geheimschrift

⭐ Hier sehen die Wörter sehr seltsam aus. Kannst du diese Sage trotzdem lesen?

Der Teufel in der Frauenkirche

Als die Kirche zu Unserer Lieben Frau in München erbaut wurde, ärgerte sich der böse Feind, der dadurch sein Reich der Hölle bedroht sah, ganz teufelsmäßig darüber. Mit all seiner bösen List konnte er den Bau nicht hintertreiben; nachdem aber endlich die Kirche vollendet dastand, beschloss er sie mit Wind und Sturm zu verderben. Als nun der Teufel in dieser Absicht durch das Hintertor in die Kirche eintrat und unter dem Musikchor stand, sah er zu seiner Verwunderung wegen der vorstehenden gewaltigen Säulen kein einziges Fenster. Darüber lachte der Teufel ganz vergnügt, denn er hielt die Kirche für einen ungeschickten und unnützen Bau, der ihm nicht viel schaden könne, weil es ja zu dunkel in derselben sei. Er ging wieder beruhigt fort, aber an der Stelle, wo er stand, ist sein Fuß noch sichtbar schwarz im Steine eingeprägt. Als der Teufel nachher sah, dass dennoch die Leute fleißig in die neuerbaute Kirche zur Andacht und zum Gottesdienst gingen, er selbst aber, weil sie schon geweiht war, nicht mehr in dieselbige eintreten konnte, stürmte er außen um die Kirche herum, um die Leute vom Kirchgang abzuhalten.

Daher kommt es, dass der Wind um die Frauenkirche oft so heftig geht, dass er manchem das Frauenbergl hinabtreibt, ehe er sich's versieht, oder den Leuten den Hut vom Kopf nimmt.

Lösung: Merkmale einer Ballade

⭐ Kreuze die richtigen Merkmale an.

- [x] Eine Ballade ist ein Erzählgedicht.
- [ ] Eine Ballade ist ein sehr kurzes Gedicht.
- [x] Eine Ballade enthält lyrische, dramatische und epische Elemente.
- [ ] Eine Ballade ist eng mit einer Sage verwandt.
- [ ] Die Ballade wurde erst nach 1945 in Deutschland entwickelt.
- [x] Die Ballade war ursprünglich ein mittelalterliches Tanzlied.
- [x] Johann Wolfgang von Goethe und Friedrich Schiller dichteten viele Balladen.
- [ ] „Herr von Ribbeck auf Ribbeck im Havelland" von Theodor Fontane ist keine Ballade.
- [ ] Eine Ballade ist eine Erzählung, in der eine Lebensweise durch ein Gleichnis veranschaulicht wird.

Lösung

Lösung: Wortpaare suchen

Auf der rechten und linken Seite befinden sich die gleichen Wörter. Verbinde möglichst schnell alle Wortpaare.

klein	lesen
lustig	Schule
Schule	genau
lesen	Buchstabe
genau	lustig
Buchstabe	klein
blicken	aber
Auge	trotzdem
aber	Sinn
trotzdem	wenig
Sinn	Sieb
wenig	lachen
wer	blicken
suchen	trotzig
Sieb	meinen
lachen	klug
mein	Abend
trotzig	mein
Abend	suchen
meinen	wer
klug	Auge

Lösung: Vokale ergänzen

Aus dem Gedicht „Bewaffneter Friede" von Wilhelm Busch sind fast alle Vokale verschwunden. Ergänze sie beim Vorlesen.

Bewaffneter Friede

Ganz unverhofft, an einem Hügel,
Sind sich begegnet Fuchs und Igel.

Halt, rief der Fuchs, du Bösewicht.
Kennst du des Königs Ordre nicht?

Ist nicht der Friede längst verkündigt,
Und weißt du nicht, dass jeder sündigt,
Der immer noch gerüstet geht?
Im Namen seiner Majestät,
Geh her und übergib dein Fell.

Der Igel sprach: Nur nicht so schnell.
Lass dir erst deine Zähne brechen,
Dann wollen wir uns weiter sprechen.

Und allsogleich macht er sich rund,
Schließt seinen dichten Stachelbund
Und trotzt getrost der ganzen Welt,
Bewaffnet, doch als Friedensheld.

Lösung: Lesen mit Hindernissen

⭐ **Lies den Text flüssig und fehlerfrei vor.**

Wind und Sonne

Wind und Sonne stritten miteinander, wer von ihnen der stärkste sei. „Ich bin die stärkste Macht auf dieser Welt", sagte die Sonne. „Nichts kann mir Widerstand leisten."
„Nichts – außer mir", sagte der Wind. „Meine Kräfte übertreffen noch die deinen."
„Machen wir die Probe!", schlug die Sonne vor. „Siehst du dort den Mann die Straße herunterkommen? Also: Wer von uns beiden den Mann bewegt, seinen Mantel auszuziehen, muss als der stärkere erkannt werden. Du magst zuerst dein Glück versuchen."
Der Wind begann zu blasen, indes sich die Sonne hinter eine Wolke zurückzog. Dann pfiff er, und der Mann zog den Kopf ein. Dann heulte er und raste in eisigen Stößen gegen den Mann an. Aber je kälter er blies, um so fester hüllte sich der Mann in seinen Mantel ein.
„Jetzt will ich es versuchen", sagte die Sonne und kam wieder hinter der Wolke hervor.
Sie schien zunächst sanft herunter auf den Mann, und der knöpfte seinen Mantel auf und hängte ihn lose um die Schultern. Die Sonne lächelte, und ihr Lächeln erwärmte alle Dinge und Wesen. Binnen weniger Minuten hatte sie auch den Mann auf der Straße so sehr erwärmt, dass er seinen Mantel von der Schulter nahm und Ausschau hielt nach einem Platz im Schatten.

Was Zorn nicht erreicht,
schafft Milde oft leicht.

Lösung: Wo liegt der Unterschied?

⭐ **Hier haben sich 11 ungleiche Paare eingeschlichen. Streiche sie durch. Wer findet sie am schnellsten?**

Burg ~~Berg~~	gern / gern	lustig / lustig	Platz / Platz
Boote / Boote	Topf / Topf	~~toben~~ / ~~leben~~	Lauf / Lauf
froh / froh	quer / quer	~~Schule~~ / ~~Schuhe~~	Strand / Strand
toll / toll	finden / finden	~~Torte~~ / ~~Sorte~~	~~Stuhl~~ / ~~Stahl~~
~~Buch~~ / ~~Bach~~	Wasser / Wasser	~~Schüssel~~ / ~~Schlüssel~~	~~Kiste~~ / ~~Liste~~
~~Brauch~~ / ~~Bauch~~	fegen / fegen	trinken / trinken	~~Puppe~~ / ~~Pappe~~

Lösung

Lösung: Alles groß

Lesen

⭐ Lies den Textausschnitt aus „Als ich ein kleiner Junge war" von Erich Kästner flüssig und fehlerfrei vor.

Wenn ein Kind lesen gelernt hat und gerne liest, entdeckt und erobert es eine zweite Welt, das Reich der Buchstaben. Das Land des Lesens ist ein geheimnisvoller, unendlicher Erdteil. Aus Druckerschwärze entstehen Dinge, Menschen, Geister und Götter, die man sonst nicht sehen könnte.

Wer noch nicht lesen kann, sieht nur, was greifbar vor seiner Nase liegt oder steht: den Vater, die Türklingel, den Laternenanzünder, das Fahrrad, den Blumenstrauß und vom Fenster aus vielleicht den Kirchturm.

Wer lesen kann, sitzt über einem Buch und erblickt mit einem Mal den Kilimandscharo oder Karl den Großen oder Huckleberry Finn im Gebüsch oder Zeus als Stier und auf seinem Rücken reitet die schöne Europa. Wer lesen kann, hat ein zweites Paar Augen, und er muss nur aufpassen, dass er sich dabei das erste Paar nicht verdirbt.

Ich las und las und las. Kein Buchstabe war vor mir sicher. Ich las Bücher und Hefte, Plakate, Firmenschilder, Namensschilder, Prospekte, Gebrauchsanweisungen …

Lösung: Alles klein

Lesen

⭐ Lies den Text „Seltsamer Spazierritt" von Johann Peter Hebel flüssig und fehlerfrei vor.

Seltsamer Spazierritt

Ein Mann reitet auf seinem Esel nach Hause und lässt seinen Buben zu Fuß nebenher laufen. Kommt ein Wanderer und sagt: „Das ist nicht recht, Vater, dass Ihr reitet und lasst Euren Sohn laufen; Ihr habt stärkere Glieder." Da stieg der Vater vom Esel herab und ließ den Sohn reiten. Kommt wieder ein Wandersmann und sagt: „Das ist nicht recht, Bursche, dass du reitest und lässest deinen Vater zu Fuß gehen. Du hast jüngere Beine." Da saßen beide auf und ritten eine Strecke. Kommt ein dritter Wandersmann und sagt: „Was ist das für ein Unverstand, zwei Kerle auf einem schwachen Tiere? Sollte man nicht einen Stock nehmen und euch beide hinabjagen?" Da stiegen beide ab und gingen selbdritt zu Fuß, rechts und links der Vater und Sohn und in der Mitte der Esel. Kommt ein vierter Wandersmann und sagt: „Ihr seid drei kuriose Gesellen. Ist's nicht genug, wenn zwei zu Fuß gehen? Geht's nicht leichter, wenn einer von euch reitet?" Da band der Vater dem Esel die vorderen Beine zusammen, und der Sohn band ihm die hinteren Beine zusammen, zogen einen starken Baumpfahl durch, der an der Straße stand, und trugen den Esel auf der Achsel heim.

So weit kann's kommen, wenn man es allen Leuten will recht machen.

Lösung: Verschobene Wortgrenzen

Lesen

⭐ In dieser Geschichte sehen die Wörter ganz anders aus als sonst. Kannst du den Text dennoch flüssig und fehlerfrei lesen? Probiere es.

Wie ein armer Mann seine Zeche zahlte

Ein armer Mann kam einmal in ein Gasthaus, das einem habgierigen Wirt gehörte. Über dem Feuer wurde gerade ein großes Stück Fleisch am Spieß gebraten. Der Mann war sehr hungrig. Und das Fleisch roch so gut, dass der arme Mann noch viel hungriger wurde. Aber er hatte nicht genug Geld, um seine Mahlzeit zu bezahlen. Da nahm er ein Stück Brot aus seiner Tasche und hielt es zwischen den Braten und das Feuer, damit das Brot den Geruch des Bratens annahm. Er aß das Brot und wollte gehen. Der Wirt aber, der ihn beobachtet hatte, hielt ihn auf und verlangte, er solle seine Zeche zahlen. Der arme Mann sagte: „Wofür soll ich zahlen?" Der Wirt entgegnete: „Du hast etwas zu dir genommen, was mir gehört, nämlich den Bratengeruch, und dafür verlange ich Bezahlung." Sie stritten eine Weile, bis der arme Mann schließlich das einzige Geldstück hervorholte, das er besaß. Das warf er auf den Tisch und fragte: „Habt ihr das Geld klingen hören?" Der Wirt sah ihn erstaunt an und nickte. Schnell steckte der arme Mann die Münze wieder ein und sagte: „Dann habt ihr eure Bezahlung erhalten. Der Klang des Geldes ist genauso viel wert wie der Geruch des Bratens." Da merkte der Wirt, dass der arme Mann noch listiger war als er selber, und musste ihn gehen lassen.

Lösung: Leseverständnis schulen I

Lesen

⭐ Die Aussage des jeweiligen Satzes ist entweder inhaltlich richtig oder falsch. Lies dir die Sätze genau durch und markiere, ob sie richtig oder falsch sind. Dazu hast du eine Minute Zeit.

		richtig	falsch
1	Im Winter trägt man dicke Socken und Sandalen.		x
2	Die Perlmuschel lebt in sauberen Flüssen.	x	
3	Tannenbäume haben Blätter und Zapfen.		x
4	Echsen und Schlangen gehören zur Gruppe der Säugetiere.		x
5	Im Brandfall darf ein Aufzug im Hochhaus nicht genutzt werden.	x	
6	In der Wüste sind die Nächte eisig kalt und die Tage sehr heiß.	x	
7	Am Weihnachtsbaum hängen viele bunte Ostereier.		x
8	Eine Kerze kann ohne Sauerstoff nicht brennen.	x	
9	Eisen ist nicht magnetisch.		x
10	Pflanzen brauchen zum Wachsen Luft, Licht, Wasser und Mineralöl.		x
11	Im Physikunterricht lernt man viel über Tiere und Pflanzen.		x
12	Verkehrszeichen sind Zeichen, die international verständlich sind.	x	
13	Pablo Picasso war ein berühmter Musiker.		x
14	Die Zugspitze ist der höchste Berg der Bundesrepublik Deutschland.	x	

Lösung

Lösung: Leseverständnis schulen II — *Lesen*

⭐ Die Aussage des jeweiligen Satzes ist entweder inhaltlich richtig oder falsch. Lies dir die Sätze genau durch und markiere, ob sie richtig oder falsch sind. Dazu hast du eine Minute Zeit.

		richtig	falsch
1	Obst kann man zu Fruchtsaft, Marmelade oder Gelee verarbeiten.	x	
2	Hausaufgaben sind immer während des Unterrichts in der Schule zu erledigen.		x
3	Mit einem Mobiltelefon kann man nicht telefonieren.		x
4	Zum Trocknen der Haare benötigt man ein Shampoo.		x
5	Edelweiß und Enzian blühen am häufigsten auf Sylt.		x
6	Geburtstag feiert man nur einmal im Jahr.	x	
7	Frösche fangen mit ihrer Zunge sehr geschickt Vögel.		x
8	Wer ohne Fahrschein fährt, ist ein Schwarzfahrer.	x	
9	Wale gehören zu den größten Säugetieren der Welt.	x	
10	In der Metzgerei kann man Fleisch und Wurst kaufen.	x	
11	Man darf ohne gültigen Führerschein abends Auto fahren.		x
12	Im Zoo kann man Edelsteine bewundern.		x
13	Wenn es brennt, ruft man die Feuerwehr.	x	
14	Johann Wolfgang von Goethe und Friedrich Schiller sind sehr bekannte Schriftsteller.	x	

Lösung: Merkmale eines Berichts — *Sprechen und Schreiben*

⭐ Unterstreiche die auf einen Bericht zutreffenden Merkmale.

Zeit:
Präsens, <u>Präteritum</u>, Plusquamperfekt, Futur

Inhalt:
beantwortet die 5 W-Fragen <u>(wann, wer, wo, was und wie)</u>, ausführliche Darstellung der Gefühle und Gedanken, kurze Einleitung, Aufbau/Steigerung der Spannung im Hauptteil, <u>keine Äußerung von persönlicher Meinung/Empfindungen</u>

Stil:
lebendig, <u>sachlich</u>, <u>knapp</u>, ausführlich, <u>genau</u>, <u>indirekte Rede</u>, wörtliche Rede, verschiedene Satzanfänge

Lösung: Unfallbericht mit Fehlern

⭐ Welche Merkmale hat Karl Valentin beim Schreiben seines Unfallberichts nicht beachtet? Notiere sie stichpunktartig.

Konsequenter Unfall

Sehr geehrte Versicherung,

mir ist ein Unfall widerfahren, und das ging folgendermaßen zu: Auf dem Dachboden meines zweistöckigen Hauses hatte ich einen Posten Ziegelsteine lagern, den ich nach unten befördern wollte. Dazu ersann ich folgende Vorrichtung: Im Innern des Dachbodens befestigte ich einen Balken, an dessen nach außen ragendem Ende eine Rolle untergebracht war. Über diese Rolle warf ich ein Seil, und dessen langes Ende schlang ich unten um einen Baum. An das obere Ende band ich ein hölzernes Waschschaff, in welches ich die Ziegelsteine legte. Dann ging ich nach unten, machte das Seil vom Baum los und hielt es fest. Dabei stellte sich heraus, dass das Seil mit den Ziegelsteinen schwerer war als ich. Es fuhr herunter, und ich fuhr hinauf. Als das Schaff an mir vorbeifuhr, schürfte es mir die linke Seite auf. Ich kam oben an und stieß mit dem Kopf heftig gegen den Balken. Das Schaff kam unten an und brach durch den Aufprall entzwei. Die Ziegelsteine fielen infolgedessen heraus, und das Schaff war nun leichter als ich. Ich fuhr herunter, und das Schaff fuhr hinauf. Als es an mir vorbeifuhr, schürfte es mir die rechte Seite auf. Das Schaff kam oben an, und ich kam unten an. Durch den Sturz brach ich mir zwei Rippen, und vor Schmerz ließ ich das Seil los. Da fuhr das Schaff wieder herunter und traf mich auf den Kopf.
Ich bitte Sie hochachtungsvollst, mir diesen Unfall liebenswürdigerweise zu vergüten.

Karl Valentin

Fehler:

Stil: *nicht immer sachlich, zu ausführlich*

Inhalt: *W-Fragen nicht alle beantwortet (wann)*

aus: Herr Je das Nichts ist bodenlos, hg. von Wilhelm Höck, Ehrenwirth Verlag, München 1968

Lösung: Merkmale einer Erzählung

⭐ Ergänze die Merkmale einer Erzählung an der richtigen Stelle.

Höhepunkt	Wer? Wo? Wann?
wörtliche Rede verwenden	Überschrift
nur von einem Erlebnis erzählen	Lösen der Spannung

1. *Überschrift*
2. Einleitung, die Antworten gibt auf die Fragen: *Wer? Wo? Wann?*
3. Hauptteil:
   - *nur von einem Erlebnis erzählen*
   - Erzählschritte beachten
   - Spannung erzeugen
   - *wörtliche Rede verwenden*
   - Gefühle/Gedanken einbeziehen
4. *Höhepunkt*
5. *Lösen der Spannung*
6. Schluss

Lösung

Lösung: Merkmale einer Vorgangsbeschreibung — Sprechen und Schreiben

⭐ Kreuze die für eine Vorgangsbeschreibung wichtigen Hinweise an.

- ☐ Schreibe eine kurze Einleitung, einen ausführlichen Hauptteil und einen knappen Schluss.
- ☒ Verwende die Gegenwart (Präsens).
- ☒ Achte auf die richtige Anordnung der Reihenfolge der Arbeitsschritte.
- ☐ Schreibe in der 1. Vergangenheit (Präteritum).
- ☐ Verwende die wörtliche Rede.
- ☐ Erzähle lebendig und anschaulich mit treffenden Adjektiven.
- ☒ Beschreibe, was man alles benötigt bzw. vorbereiten muss.
- ☒ Verwende „man" oder andere allgemeingültige Ausdrucksweisen.

Lösung: Merkmale einer Personenbeschreibung — Sprechen und Schreiben

⭐ Bringe die Angaben einer Personenbeschreibung in eine logische Reihenfolge.

- [2] Alter
- [5] Haarfarbe und Frisur
- [9] Gesamteindruck
- [1] Geschlecht
- [7] Bekleidung
- [4] Figur
- [8] besondere Merkmale / Auffälligkeiten (z. B. Sprache / Dialekt, Tätowierung, Narben, Gangart …)
- [3] Körpergröße
- [6] Gesicht (Augen, Nase, Mund)

Lösung: Wer findet die meisten Reime?

⭐ Finde zu jedem vorgegebenen Wort möglichst viele Reimwörter.

Beispiele:

① **Ast:** *Last, Hast, Gast, fast, Bast, Mast, passt ...*

② **Licht:** *Wicht, Gicht, sticht, bricht, nicht ...*

③ **aus:** *Haus, Maus, heraus, Graus, Schmaus, Laus, raus ...*

④ **Reise:** *Weise, Preise, Meise, Ameise, Kreise, Greise, leise ...*

⑤ **kaum:** *Baum, Saum, Traum, Raum, Flaum ...*

⑥ **ach:** *Dach, Fach, Bach, Krach, mach, wach ...*

⑦ **Tee:** *See, Fee, Schnee, Klee, Gelee ...*

⑧ **dein:** *klein, fein, mein, kein, Bein, nein, Pein, rein, sein, Wein ...*

Quellen- und Abbildungsverzeichnis

Textquellen

S. 3 Märchenausschnitte: Gebrüder Grimm: Kinder- und Hausmärchen, Band 1, Reclam, Stuttgart, 1980, S. 31, S. 42, S. 82, S. 99

S. 4 Märchenausschnitte: Brüder Grimm: Kinder- und Hausmärchen, Band 1, Reclam, Stuttgart, 1980, S. 136, S. 151, S. 264, S. 347

S. 6 Der süße Brei: Brüder Grimm: Kinder- und Hausmärchen, Band 2, Reclam, Stuttgart, 1980, S. 95

S. 8 Fink und Frosch: Wilhelm Busch: Hausbuch – Der Dichter und Zeichner in seinen schönsten Bildergeschichten, Gedichten, Reimen und Sprüchen, hrsg. von Roland W. Fink-Henseler, Gondrom Verlag, Bindlach, 1996, S. 495–497

S. 9 Die kluge Ratte: Wilhelm Busch: Hausbuch – Der Dichter und Zeichner in seinen schönsten Bildergeschichten, Gedichten, Reimen und Sprüchen, Fink-Henseler, Gondrom Verlag, Bindlach, 1996, S. 130 f.

S. 10 aus: Antike Fabeln. Fuchs und Rabe. Eingel. und neu übertragen von Ludwig Mader, Artemis, Zürich, 1951, S. 179 f.

aus: Antike Fabeln. Krähe und Urne. Eingel. und neu übertragen von Ludwig Mader, Artemis, Zürich, 1951, S. 331

S. 11 Textausschnitt Fuchs und Rabe: Antike Fabeln. Eingel. und neu übertragen von Ludwig Mader, Artemis, Zürich, 1951, S. 81

Textausschnitt Krähe und Urne: Antike Fabeln. Eingel. und neu übertragen von Ludwig Mader, Artemis, Zürich, 1951, S. 331

Textausschnitt Der Wolf und der Reiher: Antike Fabeln. Eingel. und neu übertragen von Ludwig Mader, Artemis, Zürich, 1951, S. 312

Textausschnitt Spare in der Zeit: Schöne Fabeln des Altertums, Aesop, Phaedrus, Babrios. Ausgew. und übertr. von Horst Gasse, Dieterich, Leipzig, o. J., S. 67

Textausschnitt Früher aufgebrochen: Schöne Fabeln des Altertums, Aesop, Phaedrus, Babrios. Ausgew. und übertr. von Horst Gasse, Dieterich, Leipzig, o. J., S. 94

S. 13 Der Teufel in der Frauenkirche: Bayerische Sagen, Sagen aus Altbayern, Schwaben und Franken. Hg. von Günther Kapfhammer, Eugen Diederichs Verlag, Düsseldorf und Köln, 1971

S. 15 © Herr von Ribbeck auf Ribbeck im Havelland, Theodor Fontane, Sämtliche Werke. Romane, Erzählung, Gedichte. Sechster Band. Herausgegeben von Walter Keitel © 1964 Carl Hanser Verlag München

S. 16 Matthias Claudius, „Abendlied", aus: Werke. Cotta, Stuttgart, 1954

S. 17 Josef Guggenmos, „Der Wind", aus: Josef Guggenmos, Ich will dir was verraten © 1992 Beltz & Gelberg in der Verlagsgruppe Beltz-Weinheim Basel

S. 18 Dieter Brembs, „Das Drachenabeceh", aus: Überall und neben dir. Gedichte für Kinder in sieben Abteilungen. Hrsg. von Hans-Joachim Gelberg. Beltz, Weinheim/Basel, 1986

S. 19 Hugo Ball, „Karawane", aus: Gesammelte Gedichte, Verlag der Arche, Zürich, 1963

S. 20 Kurt Schwitters, „Regen" aus: ders., „Das literarische Werk", Band 1, Lyrik, hrsg. von Friedhelm Lach © 1973 DuMont Buchverlag, Köln und Kurt und Ernst Schwitters Stiftung, Hannover

S. 21 Wilhelm Busch, „Bewaffneter Friede", aus: Gedichte. 1974 Diogenes Verlag AG Zürich

S. 24 Aesop, „Wind und Sonne", aus: Fabeln des Aesop, nacherzählt von Rudolph Hagelstange, Verlag Otto Maier, Ravensburg, 1967

S. 25 Erich Kästner, „Als ich ein kleiner Junge war" © Atrium Verlag AG, Zürich 1957

S. 26 „Seltsamer Spazierritt", aus: Johann Peter Hebel, Werke, Band 2, hg. von Wilhelm Altwegg, Atlantis Verlag, Zürich, 1958

S. 29 „Wie ein armer Mann seine Zeche zahlte", aus: Das große Vorlese- und Erzählbuch, hg. von P. Gogon, Moderne Verlags GmbH, Landsberg, o. J.

S. 34 „Konsequenter Unfall", aus: Herr Je das Nichts ist bodenlos, hg. von Wilhelm Höck, Ehrenwirth Verlag, München 1968

S. 41 Rainer Maria Rilke, „Der Panther", aus: Gesammelte Gedichte, Insel, Frankfurt/Main, 1962

Sollte es in einem Einzelfall nicht gelungen sein, den korrekten Rechteinhaber ausfindig zu machen, so werden berechtigte Ansprüche selbstverständlich im Rahmen der üblichen Regelung abgegolten.

Abbildungen

Covergrafik © radachynskyi – Fotolia.com

Aufgabenstern: Anke Fröhlich

S. 1 Zauberstab: Anke Fröhlich

S. 2 Fee: Anke Fröhlich

S. 4 Krone: Sandra von Kunhardt

S. 5 Rapunzel: Anke Fröhlich

S. 6 Kleckse: Julia Flasche

Topf: Barbara Gerth

S. 8 Frosch und Vogel: Anke Fröhlich

S. 9 Maus: Anke Fröhlich

S. 13 Kirche: Nataly Meenen

S. 14 Buch und Feder: Julia Flasche

Quellen- und Abbildungsverzeichnis

S. 15 Birne: Barbara Gerth
S. 16 Musiknoten: Julia Flasche
       Mond: Anke Fröhlich
       Sterne: Mele Brink
S. 17 Baum im Wind: Jennifer Spry
S. 18 Drache: Fides Friedeberg
S. 19 Elefant: Katharina Reichert-Scarborough
S. 20 Regen: Oliver Wetterauer
S. 21 Fuchs und Igel: Anke Fröhlich
S. 23 Zettel: Nataly Meenen
S. 24 Sonne und Wolke: Julia Flasche
S. 25 Bücherstapel: Julia Flasche
S. 26 Esel: Charlotte Wagner
S. 27 Schmetterling: Nataly Meenen
S. 28 Zauberstab: Anke Fröhlich
S. 33 schreibender Junge: Katharina Reichert-Scarborough
S. 36 Schüler: Katharina Reichert-Scarborough
S. 37 Junge: Stefan Lucas
S. 40 Sonne: Daniela Bühnen
S. 41 Panther © Mickeing – Fotolia.com
S. 46 klatschen: Julia Flasche
       Musiknoten auf Notenlinien: Julia Flasche
       Musiknoten einzeln: Alexandra Hanneforth
S. 49 Mädchen mit Koffer: Katharina Reichert-Scarborough
S. 50 Kinder: Katharina Reichert-Scarborough
S. 52 Glühbirne: Charlotte Wagner
S. 54 Maus: Julia Flasche
       Frosch: Melanie Gregor
       Katze: Julia Flasche
       Eule: Jennifer Spry
       Krone: Sandra von Kunhardt
       Kerze: Mele Brink
       Feder: Mele Brink
       Vogelscheuche: Ingrid Hecht
       Fahrrad: Julia Flasche
       Briefumschlag: Anke Fröhlich
       Lampe: Elisabeth Lottermoser
       Streichholzschachtel: Jennifer Spry
       Buch: Barbara Gerth
       Brunnen: Anke Fröhlich
       Schaukel: Julia Flasche

S. 55 Koffer: Barbara Gerth
       Ring: Bert Breitenbach
       Ball: Barbara Gerth
       Ritterrüstung: Stefan Lucas
       Sofa: Julia Flasche
       Haus: Barbara Gerth
       Tor: Barbara Gerth
       Schloss: Andrea Frick-Snuggs
       Baum im Wind: Jennifer Spry

Alle Unterrichtsmaterialien
der Verlage Auer, AOL-Verlag und PERSEN

» jederzeit online verfügbar

lehrerbuero.de
Jetzt kostenlos testen!

» lehrerbüro
Das **Online-Portal** für Unterricht und Schulalltag!